服务排队管理与创新

周文慧 郑志斌 著

科 学 出 版 社

北 京

内 容 简 介

本书针对服务业中的排队管理实践问题,分别从顾客需求管理、服务排队规则的创新、服务能力调节、顾客等待心理学与服务者行为科学四个方面,详细介绍相关基本概念和理论知识,并结合丰富的案例和应用场景提出相应的创新角度和应用建议,旨在为服务业在排队管理方面的提升提供新的策略和思路。

本书可作为高等院校工商管理、工业工程、酒店服务与管理等专业本科教学的教科书,以及工程管理硕士、MBA、EMBA 等专业的教科书,也可作为企业管理人员的参考书籍。

图书在版编目(CIP)数据

服务排队管理与创新 / 周文慧,郑志斌著. —北京:科学出版社,2023.3
ISBN 978-7-03-073745-8

Ⅰ. ①服… Ⅱ. ①周… ②郑… Ⅲ. ①企业管理—商业服务—研究 Ⅳ. ①F274

中国版本图书馆 CIP 数据核字(2022)第 210161 号

责任编辑:马 跃 / 责任校对:贾娜娜
责任印制:张 伟 / 封面设计:有道设计

斜 学 出 版 社 出版
北京东黄城根北街 16 号
邮政编码:100717
http://www.sciencep.com
北京中科印刷有限公司 印刷
科学出版社发行 各地新华书店经销
*
2023 年 3 月第 一 版 开本:720×1000 1/16
2023 年 7 月第二次印刷 印张:10
字数:181 000
定价:98.00 元
(如有印装质量问题,我社负责调换)

前　　言

服务业与我们生活息息相关，并在全球的经济结构转型和变革的趋势中，逐渐成为越来越重要的行业。随着服务经济的蓬勃发展，顾客对服务的期待越来越高，是否能为顾客提供更好的服务成为企业能否提高自身竞争力的"关键一招"。然而，由于服务的易逝性、生产与消费同时发生等特征，服务业中容易出现供需不平衡的情况，从而出现难以避免的排队现象。长时间的排队等待不仅是导致服务企业顾客满意度降低的主要原因，也是影响企业运营效率的主要因素之一。因此，如何进行高效的排队管理成为当前众多服务企业亟须解决的难题。

随着互联网、人工智能等技术的发展，服务业中各种新的服务模式和场景层出不穷，这使得服务企业在进行排队管理时面临更多的创新机遇和挑战。服务企业可以从哪些方面入手来进行排队管理呢？在进行排队管理时，需要注意些什么，又面临着怎样的问题？企业能从怎样的角度进行排队管理的创新？这些都将是本书要进行深入探讨和解答的问题。

具体而言，本书共分为6章：第1章将阐述服务经济的基本概念及重要性，论述服务和服务排队系统的定义和特征，探索服务企业排队管理的基本手段和创新方向；第2章将介绍服务排队系统中的服务排队规则和服务排队流程的设计、常见的服务排队系统绩效测量指标以及服务排队系统的两种绩效测量方法；第3章将介绍顾客需求管理的内容，具体包括顾客需求特征和顾客需求类型，并以此来对顾客需求进行分类与隔离；第4章将介绍一些常见的服务排队规则，并结合实际的案例说明这些规则的具体操作和创新应用条件，从而从服务排队规则方面入手，为服务企业设计或选择更加适合企业的服务排队规则提供一些启示；第5章将介绍服务能力的概念及决定因素，以及介绍一些常用的调节服务能力的策略和方法，并介绍如何在新经济时代的信息技术场景中进行应用的创新；第6章将介绍顾客排队等待心理学和服务者行为科学的相关内容，以及如何结合顾客排队等待心理学和服务者行为科学进行排队管理与创新。

　　在本书的写作过程中，戴睿琦、唐晓晓、叶子钰、李润卓、李强、郑茜等协助处理了很多琐碎的工作，感谢他们的付出和投入，也感谢科学出版社相关编辑的专业工作。

　　本书内容涉及众多学科知识，由于水平有限，难免有疏漏和不足之处，欢迎专家和读者朋友给予批评和指正。

目　　录

第 1 章 绪 论

迪士尼：娱乐王国的缔造者

华特·迪士尼公司（The Walt Disney Company），简称迪士尼，于 1923 年由华特·迪士尼和其哥哥洛伊·迪士尼创立。迪士尼通过其提供的娱乐性服务和其独有的业务运营模式开拓了服务经济的新产业、新业态和新模式，由于其麾下的迪士尼主题乐园给顾客提供了很好的排队服务体验，迪士尼也常被称为"排队管理大师"，那么迪士尼服务经济的完整产业链是什么样的呢，以及迪士尼是如何成为公认的"排队管理大师"的呢？我们将带大家一起来了解。

1. 迪士尼服务经济的完整产业链结构

迪士尼精确的定位和广泛的品牌延伸构建了该公司完整的产业链结构，使之在华特·迪士尼之后仍然得到了良好的持续性发展，同时，迪士尼通过整合集团资源和开发品牌价值为顾客提供服务的能力使之成了如今的世界性娱乐王国，迪士尼的产业结构如图 1.1 所示。

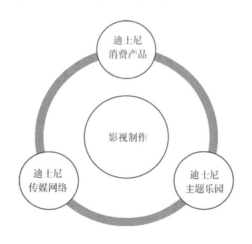

图 1.1 迪士尼的产业结构

迪士尼通过影视作品的发行，赢得巨额的票房收入和大量的影片受众者；在此基础上，在迪士尼主题乐园中通过增加与影视中卡通形象相关的景点来吸引度假游客，以获取门票收入及进一步增加迪士尼的流量；在流量的基础上，通过品牌授权和联名的形式，生产一系列迪士尼周边的消费产品，如服饰、玩具等，从而获得巨大的销售利润和品牌授权收益；最后，迪士尼将自己制作的电视节目及影视作品放在自己管控的传媒网络上，以获取巨额广告费用。

在迪士尼的产业链里，不同类别的顾客是可以相互转化的，且转化成本极低，如观看迪士尼电影的观众往往也倾向于购买影片相关的周边产品，还有可能去迪士尼主题乐园体验一下荧幕上的环境，以及与卡通人物面对面互动。因此，迪士尼的产业链是一个紧密相连、环环相扣的有机整体，也是一个相互联系、相互促进的完整循环系统。

2. 迪士尼主题乐园中的排队管理

迪士尼主题乐园是迪士尼产业链中极其重要的一部分。一般而言，在大型游乐园中，由于服务能力刚性与需求柔性的冲突，顾客在旺季往往需要长时间排队等待才能获得游乐园的服务，而等待带来的往往是顾客的抱怨和投诉，但这方面没有为迪士尼主题乐园带来任何困扰，因为迪士尼主题乐园让顾客在排队等待时也是快乐的，所以顾客几乎没有任何抱怨、不满的情绪。因此，迪士尼被公认为"排队管理大师"。

1）让排队等待变得有趣

迪士尼主题乐园花了很多心思，致力于让顾客在排队时也是快乐的，真正做到了让游客每一刻都充满欢乐，让等待不再漫长和无聊，其采取的具体方法如下。

（1）采用蛇形排队。在迪士尼主题乐园，顾客们排队的队列被设计成蛇形队列。这种蛇形排队法一方面大大缓解了顾客在等待中的焦虑，迪士尼在设计蛇形队列时会通过将队列绕过建筑物或利用拐角盲区来隐藏队伍的实际长度，让队伍看起来很短，营造很快就能排到的轻松氛围，即蛇形的每个转折点都会给顾客"就快要轮到我了"的错觉；另一方面也一定程度保证了排队的公平性，因为蛇形队伍很难插队。

（2）及时为排队中的游客带来欢快的表演。当迪士尼主题乐园的工作人员发现某一个游乐设施的排队人数过多时，就会及时安排相关工作人员去给排队游客带来欢乐的互动表演，使排队等待也变成了迪士尼提供娱乐服务的一部分内容。

（3）为排队的顾客开发与游乐项目相关的小游戏。迪士尼主题乐园推出了一款名为"Play Disney Parks"的反向增强现实手机游戏，这款游戏是专门开发给正在排队的游客玩的，因此只能在迪士尼乐园里玩。考虑到不同的游乐项目需排队等待的时间不同，迪士尼的这款游戏能通过位置跟踪和蓝牙信标等组合技术，分辨出游客的位置和移动速度，从而预测游客的排队时长，再根据预测的排队时长调整游戏玩法，当队伍移动速度较慢时，游戏玩法便会扩展，当队伍移动速度较快时，游戏时间也会随之缩短。

2）在保证最大公平性的同时利用排队优先权获取更多收入

迪士尼主题乐园设置了 VIP 票、快速通道票等价格较高的票，购买了这些票的顾客在排队等待时具有排队优先权，因此这类游客相当于"花钱买时间"，即花费比普通门票更多的钱来节省排队时间。购买了排队优先权的顾客不是直接插队，而是单独有一条快速通道给他们优先通过，对于正在排队的普通人来说，这部分 VIP 游客是少数的，况且选择购买 VIP 票，在不同的队列排队等待，是由游客自己决定的，因此这种方式不会使游客产生不公平感，这在保证了排队公平性的同时，还能使迪士尼获取更多的利润收入。

3）预约制的虚拟排队系统

为给游客带来最好的服务体验，迪士尼主题乐园推出了预约制的虚拟排队系统，游客可以在手机 App 端预约相应的游乐项目，在预约时间段内到预约排队通道内进行等待即可。迪士尼主题乐园利用预约制分散了各个游玩项目的排队人流量，也节省了游客排队时间，该虚拟排队系统在新冠疫情期间也起到了保障游客社交距离和疫情防控的作用。

由此可见，对于一家服务企业来说，排队管理是企业运营管理中至关重要的一环，高效的排队管理策略，既可以极大地提高顾客满意度，又能提高企业的运营效率，获取更多的收益。那么，对于一般的服务企业来说，迪士尼主题乐园的排队管理方法有哪些值得借鉴呢？服务企业可以从哪些方面入手来进行排队管理呢？在进行排队管理时，需要注意些什么，又面临怎样的问题？企业能从怎样的角度进行排队管理的创新？这些都将是本书要进行深入探讨和解答的问题。

几乎所有人对"服务"一词都不会感到陌生，因为我们每天都在接受各种各样的服务，但如果必须要回答"什么是服务"，没有几个人能说得清楚。服务业与我们生活息息相关，并在全球的经济结构转型和变革的趋势中，变成了越来越重要的行业。当今，我国国民经济也已全面进入服务经济时代。

服务经济时代的到来，使得服务业成为引领全球技术创新和商业模式创新的主导力量。然而，在高速发展的服务业中，"排队等待"依然是服务业挥之不去的标签，也是困扰众多服务企业的棘手问题之一，长时间的排队等待不仅是导致服务企业顾客满意度低的主要原因，也是影响企业运营效率的主要因素之一，因此排队管理与创新是当前众多服务企业亟须解决的难题。本章作为本书的绪论，将阐述服务经济的基本概念及重要性，论述服务和服务排队系统的定义和特征，探索服务企业排队管理的基本手段和创新方向。

1.1 服务经济

服务经济（service economy）的概念出现于 20 世纪 60 年代，较为权威的理解之一是周振华对服务经济的定义："以知识、信息和智力要素的生产、扩散与应用为经济增长的主要推动力，以科学技术和人力资本的投入为核心生产方式，以法治和市场经济为制度基础，经济社会发展主要建立在服务产品的生产和配置基础上的经济形态"[1]。

服务经济不同于农业与工业，是经济社会发展到高级阶段的产物。在农业经济社会，人们凭体力劳作，抗争自然，主要是为了维持生存。到了工业社会，人们凭借机器和大规模生产，大大降低了物质产品的生产成本，提高了产品的产量，基本解决了人们的物质生活需要。而在如今的后工业化社会里，人们越来越关心生活的质量，会将剩余的钱用于耐用消费品和服务的消费，集中体现在医疗美容、教育培训、文化旅游、休闲娱乐和体育健身等方面。例如，我们可以感觉到身边的人会定期到医院进行身体检查，越来越关心自己的健康状况；职业技术培训班、艺术体育类兴趣班一应俱全；看电影、旅游和健身等活动也成为我们生活中必不可少的一部分。

从全球经济结构的演进规律来看，服务业主导的经济结构转型和变革正在成为一种新的趋势[2]。服务经济占世界经济的比重已超过 3/5，其中占发达国家经济总量的 70%以上，约占发展中国家经济总量的 60%[3]。而且农业、工业的增加值在 GDP 中的占比下降和服务业增加值在 GDP 中的占比上升正在成为一种不可逆转的趋势[2]，如图 1.2 所示。当下我国开始步入以服务经济为主导的新时代，服务业成为国民经济的第一大产业和经济发展的主动力。2019 年，第三产业占 GDP 的比重为 53.9%，环比增长 0.6%（国家统计局数据[①]），服务业已然成为我国国民经济发展的"助推器"。仅从旅游业来看，2019 年我国国内游客达到 60 亿人次，入境游客达到 1.45 亿人次，外国人入境游客达到 3000 万人次，国内旅游收入达到了 57 250.92 亿元（国家统计局数据[②]），因此，我国已经进入了大众旅游时代，而旅游业是服务业的重要支柱，这也从侧面反映出我国服务业的快速发展和变化。

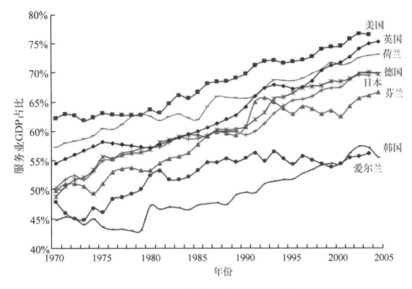

图 1.2 发达国家服务业 GDP 占比

资料来源：OECD Factbook 2006: Economic，Environmental and Social Statistics

服务经济时代的到来，使得服务业成为引领全球技术创新和商业模式创新的主导力量。中国迈入服务经济时代包含了许多驱动因素。首先，我国有着制度优势及优渥的制造基础土壤来培育服务经济。制造业强国建设拉动了生产性服务业大发展，企业想摆脱单纯加工制造低利润的窘境，依据"微笑曲线"（smiling curve）理论[③]，可以通过增加研发掌握技术和专利，或通过增加服务和形成自己品牌的方式。而一般企业负担不起昂贵的研发，因此增加生产性服务便成了很好的选择。政府提供的良好的安全秩序、基础建设等公共产品，也为服务经济的发展给予了非常好的支撑。于是越来越多的制造

---

① 中国统计年鉴 2020. 3-2 国内生产总值构成. http://www.stats.gov.cn/tjsj/ndsj/2020/indexch.htm。

② 中国统计年鉴 2020. 17-9 旅游发展情况. http://www.stats.gov.cn/tjsj/ndsj/2020/indexch.htm。

③ 微笑曲线两端朝上，中间是制造，左边是研发，右边是营销。在产业链中，附加值更多地体现在两端，即研发和营销，处于中间环节的制造附加值最低。因此，未来产业应朝微笑曲线的两端发展，也就是在左边加强研发创造，在右边加强客户导向的营销与服务。

商开始向服务提供商转型，在其传统的制造业务上增加了额外的服务业务，以提高竞争优势。例如，通用电气公司75%的利润是通过服务业务创造的；IBM（International Business Machine，国际商业机器）公司33%的收入是通过提供计算机维修、售卖配套软件等服务得到的。其次，城镇化发展和居民需求的提升为服务经济的兴起提供了强劲动力，居民收入水平持续上升，同时，中等收入群体的激增也改变了需求结构，对文化和精神服务的需求迅速增长。新型城镇化拓展了服务业发展的广阔空间，农村人口的加快城镇化使得城镇服务需求空间增大。目前，粤港澳、长三角都市圈的推进都表明了城镇化加强的趋势，人口聚集起来了也就需要一批提供专业服务的岗位。再次，农业现代化为服务业发展注入新动能。现代农业是一个大农业的概念，除了传统的种植业，还需要发展农业产前产后的附加产业链条，即关注农业与服务业的融合发展。最后，技术创新催生了新的服务供给内容。新一轮科技革命将成为包括服务业在内的整个经济转型升级的驱动力量。近年来，云计算、大数据、物联网等信息技术的发展和应用，改变了原有的生产和消费模式，提供了更多的服务业态和商业模式，给服务业的发展创造了更多机会。

在中国，服务业已成为保障就业、税收和市场活力的重要力量和基石。从就业上看，服务业为民众提供了众多岗位和就业机会。据国家统计局数据，2019年底，第三产业就业人员达到36 721万人，占全部就业人员的比重为47.4%，比第二产业高19.9个百分点[①]。从税收上看，服务业已经成为财税增长的重要来源。近年来，服务业税收收入对新增税收的贡献率一直保持在50%以上，是我国财税收入稳定增长的重要支撑。从市场活力上看，服务业是新增市场主体的主要发展领域。特别是改革开放以来，服务业不断放开各个领域对个体经济、民营经济、外资经济的准入条件，使得服务业市场主体的数量不断增长[4]。

尽管我国近年来服务业发展迅速，但是由于我国人口基数大、居民收入水平和对服务方面的需求不断提升，服务行业供需不匹配，"长时间等待"已经成为服务行业的特有标签。特别是在涉及国计民生的公共服务方面，服务供给不足的现象时有发生，无法满足居民消费升级的需求，主要体现在养老、医疗、健康、出行、旅游、政务等服务行业。例如，北京协和医院的外科手术一般需要排队几个月；上海交通大学医学院附属第九人民医院的正颌

---

① 中国统计年鉴 2020. 1-2 国民经济和社会发展总量与速度指标. http://www.stats.gov.cn/tjsj/ndsj/2020/indexch.htm。

手术通常需要排队半年以上；大城市的九价人乳头瘤病毒（human papilloma virus，HPV）疫苗更是"一苗难求"；上下班高峰期，公交和地铁人满为患，甚至排长队无法入站或上车；热门旅游景点需要排队进入景点、排队拍照、排队上厕所等；户政、婚姻登记等政务服务需要提前几天甚至半个月预约排队。

由此可见，长时间等待问题，从微观层面来看，不但严重影响顾客的服务体验、人民生活质量甚至人民生命健康的基本保障，而且直接影响服务企业的运营效率、品牌形象、营收等；从宏观层面来看，这一问题直接影响我国服务业的服务质量和整体竞争力。

要解决这一问题，除了继续加大对服务业发展的投资，提升服务的供给能力和供给质量外，更需要企业从运营的视角，通过采取高效的排队管理策略，促使供需平衡，提高服务企业的运营效率，从而缓解长时间等待问题，实现服务业质量水平整体提升，打造中国服务品牌，更好地支撑经济转型升级，更好地满足人民日益增长的美好生活需要。

1.2　服务的特性、挑战与创新

1.2.1　服务的特性、挑战

了解了服务经济的蓬勃发展，我们不禁好奇服务到底是什么？服务产品与制造产品相比有什么特别？对于服务的定义，已有很多的学者或者学会从不同的视角给出了定义。例如，著名学者 James 说："服务是一种顾客作为共同生产者的、随时间消逝的、无形的经历"[5]，该定义侧重强调服务区别于制造产品的特征。ISO9000①标准中将服务定义为"为了满足顾客的需要，在与顾客的接触过程中，服务提供者的活动过程和活动结果"，该定义着重强调了服务包含"顾客的参与过程"。另外，美国市场营销协会（American Marketing Association，AMA）把服务定义为"用于出售或者同产品连在一起进行出售的利益、活动或满足感"，从该定义中可以看出服务是无形的。结合这些定义和我们在生活中的体验，对比传统制造业的生产和销售情况，不难发觉服务

---

① ISO9000 质量管理体系是国际标准化组织于 1987 年颁布的质量管理标准，组织可根据该标准实施并有效运行企业质量管理，是质量管理体系通用的要求和指南。

具有以下特征。

1. 服务的生产与消费同时发生

在许多服务业的服务场景中，服务的提供过程和消费过程往往是同时进行的，这与制造业先生产后消费不同，如生产一台电脑，要经过零件制造组装，出厂后才能供消费者购买并使用，而在医院做检查时，医院提供检查服务与消费者接受检查服务是同时发生的。

2. 顾客参与服务提供过程

服务的生产与消费同时发生这一特性也就意味着顾客必须参与到整个服务提供过程中。这与制造业产品生产、消费过程相互分离，顾客通常不会参与到产品的生产中有很大的不同，如我们在购买电脑、手机时，并不会参与到这些产品的生产环节，然而，在服务业中，正因为服务者的服务提供过程和顾客的消费过程往往是同时进行的，顾客必须参与整个服务提供过程。例如，美容美发、教育培训、锻炼健身等，只有顾客参与其中，服务方可发生。

3. 服务具有易逝性

服务企业的服务能力无法存储，不具备像制造企业一样的对产品的库存能力。例如，酒店在淡季空房率很高，在旺季却会面临供不应求的情况，而淡季的空房并不能像制造企业一样可以把多生产的产品储存起来供旺季进行销售。我们把服务的这种服务能力不能被存储的特性称为服务的易逝性。对于服务企业来说，如果服务能力没有被充分利用，便会随时间消逝而浪费，这对企业来讲是不经济的。

4. 服务场所的选择取决于顾客

不同于制造企业可以通过综合考虑物流成本、地价、市场等因素来选址，绝大多数的服务企业在选址时基本取决于顾客，目标顾客的流量成为服务企业选址的决定性指标。可以说，目标顾客在哪，服务场所就在哪。例如，不同于化工品企业会选择地价便宜的郊区，餐饮业通常会选择人流量较大的街口，超市则更多地聚集在城市商业中心或者小区密集区域，但也有一些例外，对于一些稀缺的服务，其选址通常并不是把目标顾客的流量作为首要因素，通常是由顾客来"迁就"其服务场所。例如，对于旅游景点，其选址只能依赖于景点所在的位置，机场、高铁站的选址通常主要考虑城市规划、安全性、土地等因素。

5. 服务产品具有无形性

服务产品是无形的，不像制造企业生产的产品通常是一个实体，具有特定外观、功能等属性。这种无形性导致了在体验到服务之前，服务的实际体验和结果通常是未知的。例如，我们无法完全预测到理发后的样子，也无法确定手术后的健康状况。同时，这种无形性也使得服务产品带给顾客的体验和感受是无法复制的，所以服务产品比制造产品更难模仿，难以通过逆向工程反解产品。

服务的五大特征决定了服务业和制造业存在着很大的区别，同时也给服务企业的运营管理带来了一些特有的问题和挑战。

（1）服务供需匹配困难。顾客需求在不同时间、不同地点都会有波动，由于服务企业不能通过产品库存来平滑顾客需求的波动，服务的供给相对是稳定的，这就造成了排队现象和服务能力的浪费。例如，餐馆存在淡旺时段的差别，在深夜顾客较少，而在中午和傍晚的时段顾客较多，但是餐馆的厨师和服务员通常是固定的，在顾客较多时容易造成顾客流失，在顾客较少时厨师和服务员的能力又没能得到充分应用。这是由服务生产和消费同时发生、服务的易逝性这两个服务特征造成的。企业需要考虑如何灵活调整服务供给，如可以通过雇用临时工人、调整工作班次、增加自助服务来提高服务能力；或者需要考虑需求的调节，如可以运用收益管理的知识去调节需求，或通过预约价格的诱导，利用营销手段去影响顾客需求。

（2）重视顾客需求分类。服务业是以顾客为中心的，企业要时刻注意顾客对服务的感知，否则容易造成顾客对服务的满意度下降，甚至顾客重复体验意愿偏低的情况。例如，一些顾客不希望餐馆的环境过于嘈杂，但餐馆并没有设置单独的包间提供给这些顾客，也没有对就餐环境给予足够重视，就容易造成这部分顾客的流失。这是由服务产品具有无形性、顾客参与服务提供过程、服务场所的选择取决于顾客这三个服务特征造成的。企业可能需要考虑如何从多方面增加对顾客的关注，如从顾客心理、顾客需求类型、顾客画像等方面对顾客进行研究，结合企业当前的服务流程、服务环境、服务设施来改善。

此时，服务创新将是解决上面提到的两个挑战的关键。通过服务创新，企业才能适应日益复杂的环境与顾客多种多样的需求，从而实现持续发展。

1.2.2 服务创新

　　创新是引领发展的第一动力，这对于服务或者服务业的发展也是一样的。服务不是一成不变的，服务也需要持续性创新。服务创新的概念源于 Betz 于 1987 年提出的："服务创新并非新技术生产程序的程序创新，也不是新形态产品的产品创新，而是在竞争市场中引入技术基础导向的服务"[6]。Tax 和 Stuart 随后提出："服务的创新一种是基于现有服务系统范围的改变；另一种是基于操作的过程和参与者的改变"[7]。该定义强调在服务过程中，参与者相互之间、参与者与服务中的其他不同因素之间的互动会共同引发服务观念的改变，这种改变促使原有的服务向一个新的服务发生转变。基于上述的定义，从狭义上说，服务创新是指任何在服务业中出现的，服务系统范围、服务过程和参与者发生改变并能被潜在用户感知的行为与活动；从广义上说，服务创新可以是所有与服务相关或针对服务进行的创新。

　　一个具备创新精神的服务企业，会主动挖掘当前服务过程中出现的问题，针对它们提出符合企业实际的改进措施，提高服务过程的运营效率，使企业能够良性发展。例如，在实际生活中，饭店听从顾客的建议，增加顾客经常点但是没有的菜；设立意见簿，倾听顾客意见；建立顾客数据库，由顾客信息的统计趋势挖掘出可能的扩展服务等，都是服务创新的手段。实际上，除了以上提到的一些服务创新模式，企业还可以从其他不同层次和角度入手来进行服务创新。Voss 和 Hsuan 在 2011 年将服务创新系统地分为了商业模式创新、服务产品创新和服务过程/系统创新这三类[8]。其中，商业模式创新通常会伴随着在组织方式和流程方面的创新，这通常会涉及企业在成本结构、盈利模式、与其他组织的合作方式等方面的重大的、实质性的改变；服务产品创新可以是推出一个之前完全没有的产品，也可以是将已有产品进行改进和调整形成新产品，这样的产品不一定在市场上是新的，但对于企业而言一定是新的；服务过程/系统创新通常是由信息技术驱动的，涉及对于服务提供过程的改变，以及在该过程中客户与服务提供者之间信息交互方式的改变。

　　通常来说，商业模式创新和服务产品创新都是较为困难的，因为它们需要企业在多方面进行较大的变革，具有很大的风险。通常，服务企业需要做战略层面的调整才会涉及这两种服务创新。在企业运营管理层面，主要涉及的是服务过程/系统创新。因此，本书将重点阐述的内容——服务排队管理与创新本质上也主要是针对服务过程/系统的创新。

1.3　服务中的排队管理与创新理论

在服务系统中，服务的易逝性、生产与消费同时发生等特征，导致了容易出现供需不平衡的情况，从而出现难以避免的排队现象。排队等待会消耗顾客的时间，降低顾客的满意度，甚至会导致顾客的流失。对企业而言，排队等待使得企业的服务压力增大，若不能及时地为顾客提供服务，企业的品牌和效益就无法得到保障。因此，对于服务企业来说，排队管理是至关重要的，进行排队管理创新是对排队现象进行管理的有效手段之一。随着互联网、人工智能等技术的发展，新的服务模式和场景层出不穷，企业在这方面拥有更多的机遇进行创新，能对自身服务系统进行更科学合理的设计，从而为顾客提供更周到、更全面的服务。本节将主要介绍排队管理的对象、排队管理的工具，以及进行排队管理创新的主要方式。

1.3.1　排队管理的对象——服务排队系统

企业在进行排队管理时，针对的主体是服务排队系统（service queuing system）。服务排队系统是由一个或多个服务台组成，为具有不同需求的顾客提供服务，并按照给定的排队规则确定服务顺序的服务系统。如图 1.3 所示，顾客在服务排队系统中经历的整个流程依次是：顾客到达产生服务需求、排队等待、接受服务、顾客离去。由此可见，服务排队系统主要包含顾客（服

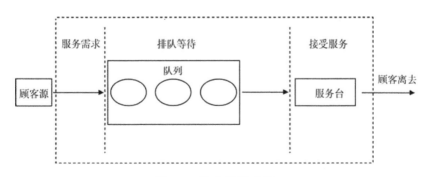

图 1.3　服务排队系统

务需求）、服务排队规则和服务台（服务供给）三大要素。顾客根据其服务需求到达相应的服务排队系统，服务台供给资源满足顾客需求，并且按照一定的服务排队规则管理等待服务的顾客。当顾客的需求与服务台的供给不匹配时，服务排队系统的效率就会降低，如供小于求会导致排队，供大于求会导致服务能力浪费，因此，排队管理的内容就是对服务排队系统的三个要素进行管理和优化，以达到促进服务排队系统两端供需匹配的目的。

对于服务需求这个要素，其往往具有多样性、随机性、波动性等特点，而服务的易逝性、生产与消费同时发生、顾客参与服务提供过程等特点导致了服务能力不能提前储存，企业的服务能力往往是刚性的，此时，变化多端的需求极易导致供需不匹配，所以针对这些问题，我们需要对服务需求进行管理。

对于服务供给这个要素，作为服务提供者，为适应服务需求的变化，企业要保证一定的服务能力，一般来说，最好是服务能力随服务需求的变化而变化，但是，在现实生活中，企业的服务能力往往是难以调整的，具有刚性，因此，我们需要通过更多的手段或者措施对服务能力进行管理。

当服务供给小于服务需求时，系统就会出现排队现象，此时企业需要决定使用哪种服务排队规则来决定正在等待的顾客的服务顺序。服务排队规则的不同会导致服务效率的不同，所以对服务排队规则的管理也是我们要探讨的重要问题之一。

除此之外，顾客的主观感受很大程度上决定了顾客对服务质量的感知，顾客的排队等待行为也会受到其心理的影响，同时，对于服务者，其心理行为也在极大程度上影响其提供服务的效率，因此，顾客等待心理学和服务者行为科学也是我们重点关注的内容。

综上，排队管理就是对服务排队系统中的服务需求、服务排队规则、服务供给进行管理，同时，也会涉及顾客等待心理学与服务者行为科学的内容。

1.3.2　排队管理的工具——排队理论

排队理论（queuing theory）又称随机服务系统理论，是通过统计服务对象的到达时间、等待时间、排队长度等相关规律，改进服务系统的规则和结构，达到既满足服务对象的需要，又使服务系统的成本最少的目标的一套理论。

排队理论概念的诞生已经超过 100 年，1909 年，一位热爱数学的丹麦工程师爱尔朗（A. K. Erlang）在村里电话交换机中发现了等待的规律，揭开了排队现象神秘的面纱。他发表了第一部排队论应用于电话服务系统的著作，解决了哥本哈根电话公司的电话交换系统的线路拥挤问题。其后，瑞典数学家帕尔姆（C. Palm）与英国数学家肯德尔（D. G. Kendall）等使用数学方法深入分析了排队模型，为排队论奠定了理论基础。随后，众多学者进入该领域，对排队理论进行了深入的研究和探索，排队理论日趋完善。

本书旨在将当前日趋成熟的排队理论成果应用于现实生活中服务企业遇到的排队问题，提出创新性框架和方向以解决实际问题，从而使服务企业实现更高的利润目标。因此，本书主要关注排队理论在企业中的应用，同时在第 2 章中，我们也会基于经典的排队理论，向读者介绍有关服务排队系统绩效测量方法的内容。

1.3.3　排队管理创新

随着服务经济的蓬勃发展，顾客对服务的期待越来越高，是否能为顾客提供更好的服务成为企业能否提高自身竞争力的"关键一招"。在经济高速发展的今天，服务不能是一成不变的，也需要持续性创新。服务排队系统作为服务中必不可少的一环，意味着探究排队管理方面的创新成为当下服务创新的重要议题。

回顾前文介绍的服务排队系统的三大要素为顾客、服务排队规则、服务台，为排队管理创新提供了三个不同的视角，分别是顾客需求管理创新、服务排队规则创新和服务台服务能力调节创新。除了对以上三大客观因素进行管理之外，还要关注一些会对这三个要素产生影响的主观因素，这些主观因素包括顾客等待心理与服务者行为科学。一方面，顾客等待心理会影响顾客的需求和排队过程；另一方面，服务者的心理和行为会影响服务效率，从而影响排队过程和服务能力。因此有必要对顾客等待心理和服务者行为科学进行管理。排队管理创新的内容如图 1.4 所示，接下来，本节将从顾客需求管理创新、服务排队规则创新、服务能力调节创新、顾客等待心理与服务者行为科学的应用与创新四个方面进行详细介绍并提出相应的创新角度，旨在为服务企业提供新的提升思路。四方面的主要内容如下。

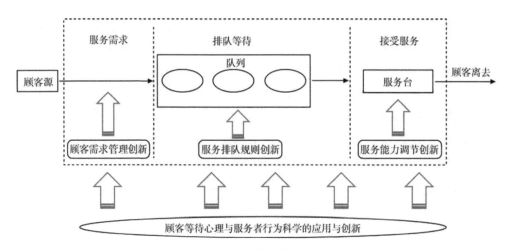

图 1.4　排队管理创新

1. 顾客需求管理创新

服务的实质是满足顾客的不同需要，了解顾客需求特征、管理顾客需求是服务企业实现长远发展的重中之重。顾客对不同的服务有着不同的需求：不可或缺的刚性需求和易被改变的柔性需求。面对顾客多样的需求，本书提出顾客需求分类的创新概念——"顾客隔离"，如面对顾客的柔性需求，服务企业可以将其细分管理，并以此为顾客提供差异化的服务产品、增值服务、服务水准，也可以通过设置不同的服务交易和交付方式，将具有柔性需求的顾客进行"隔离"管理。第 3 章将详细介绍有关顾客需求特征、顾客需求分类，以及"顾客隔离"的具体应用，以帮助企业更好地了解和管理顾客的需求，提供更加优质的服务。

2. 服务排队规则创新

本书还从服务排队规则的角度来谈应用创新。我们知道，在服务活动的提供过程中，当企业的服务能力不足以满足大量到来的需求时，就会产生排队的现象，现实生活中用到最多的就是传统的先来先服务（first-come，first-served，FCFS）规则，而在现代服务活动中，大数据、物联网、共享服务器等应用使得排队的方式越来越多样化，企业也越来越关注其运营效率和盈利，因此，在服务活动中萌生了与企业效率相关的最短服务时间规则和 $c\mu$ 规则，更是衍生出了许多与企业盈利相关的规则，包括优先权规则、预约服务规则、服务器共享规则、轮询排队规则、批服务规则和重试排队规则。本书第 4 章将以实际的案例说明如何基于这些规则进行服务排队规则的创新，从而给服务企业一些启示。

3. 服务能力调节创新

顾客到来后，企业就需要提供服务。此时，企业能否及时提供服务的一个重要决定因素就是企业的服务能力。在第 5 章中，我们将介绍服务能力的概念及其主要决定因素，并在信息技术高速发展的新经济时代的大环境，论述提升现存服务能力的弹性和效率的瓶颈因素，并提出了解决方案。同时，对于一个市场需求不断增加或高低峰期需求差异较大的服务企业，仅仅通过依靠服务能力本身的弹性和提高服务效率的方法将不能满足顾客的需求。此时，企业就需要扩大服务能力，但扩大服务能力有着两大限制条件——服务资源的刚性和服务的供需匹配，在此，我们提出社会化服务资源的解决方法供企业参考。

4. 顾客等待心理与服务者行为科学的应用与创新

除了要关注自身的服务能力、顾客的需求，以及两者之间的动态匹配外，服务企业还需关注顾客与服务人员的心理行为，我们将在第 6 章为大家介绍顾客排队等待心理学和服务者行为科学的内容。一方面，当排队不可避免的时候，服务企业应该管理好顾客的等待心理，在排队中，顾客消耗的是时间，而不是金钱，并且影响顾客服务感知的是顾客的主观等待时间，因此我们在第 6 章论述了主观等待时间的特点及人们对时间和对金钱的风险态度差异，并基于这两个方面阐述了顾客等待心理学及相应的对策。另一方面，服务者的行为也会对服务系统造成重大影响，如"大锅饭效应"会导致服务者的服务效率变低，"服务诱导需求"现象会降低顾客满意度，还会使整个社会福利偏离帕累托最优，因此服务企业在管理好顾客的排队等待心理的同时，也要关注服务者行为科学，力求从服务的供需两个方面来提高服务系统的效率，减缓系统排队现象，以及提高顾客满意度。

参 考 文 献

[1] 周振华. 服务经济的内涵、特征及其发展趋势[J]. 科学发展，2010，（7）：3-14.
[2] 夏杰长. 中国快速迈向服务经济时代[N]. 经济参考报，2019-08-21（006）.
[3] 林文芳. 加快发展服务经济 推动消费转型升级[J]. 发展研究，2011，（4）：83-85.
[4] 国家统计局服务业司. 服务业在改革开放中快速发展 擎起国民经济半壁江山[N]. 中国信息报，2018-09-11（001）.

[5] Fitzsimmons J A, Fitzsimmons M J, Bordoloi S. Service Management: Operations, Strategy, and Information Technology[M]. New York: McGraw-Hill, 2008.

[6] Betz F. Managing Technology: Competing Through New Ventures, Innovation, and Corporate Research[M]. Upper Saddle River: Prentice Hall, 1987.

[7] Tax S S, Stuart I. Designing and implementing new services: the challenges of integrating service systems[J]. Journal of Retailing, 1997, 73 (1): 105-134.

[8] Voss C, Hsuan J. Service science: the opportunity to re-think what we know about service design[C]//Demirkan H, Spohrer J C, Krishna V. The Science of Service Systems. Boston: Springer, 2011.

第 2 章　服务排队系统设计及其绩效测量

在第 1 章中，我们介绍了服务经济、服务和服务系统的概念与重要性，以及服务系统中排队管理问题的形成原因及挑战。本章中，我们旨在提出一些新的排队管理手段来对服务排队系统进行设计与优化，从而提高服务排队系统的效率。本章将介绍服务排队系统中的服务排队规则和服务排队流程的设计、常见的服务排队系统绩效测量指标，以及服务排队系统的两种绩效测量方法——基于排队模型的绩效测量方法和基于仿真的绩效测量方法。

2.1　服务排队系统设计

在第 1 章中，我们介绍过服务排队系统是由一个或多个服务台组成，为具有不同需求的顾客提供服务，并按照给定的服务排队规则确定服务顺序的服务系统。当服务系统的服务能力无法满足当即顾客需求时，会导致顾客的排队等待。企业在进行排队管理时，首要问题就是要对服务排队系统进行设计，而服务排队系统设计的关键就是服务排队规则和服务排队流程的设计，因此，下面我们来分别了解一下什么是服务排队规则和服务排队流程，以及一些常见的服务排队规则和服务排队流程。

2.1.1　服务排队规则

服务排队规则决定了顾客接受服务的先后次序，指的是顾客在排队等待时需遵循的具有一定顺序的规则，也简称排队规则或服务规则。在现实生活中，超市收银台排队等待的顾客、售票大厅排队等待买票的乘客等都遵循着先来先服务排队规则；人头攒动的医院里急诊患者优先被救治，车水马龙的街道上救护车优先通行等都遵循着紧急优先排队规则。在我们的日常生活中，"先来先得"的先来先服务排队规则、"救急"的紧急优先排队规则等已成为服务排队系统中约定俗成的"默认设置"。这些都是隐藏在我们日常服务排队系统中最常见、最传统的服务排队规则。

如今，现代信息技术的不断进步和服务经济模式的不断推陈出新为服务排队规则的设计提供了新的场景和方式。服务业的不断发展意味着服务排队规则不能故步自封，服务排队系统中服务排队规则的设计需要采用新的方式，且要符合当下的新场景。因此，除了先到先服务、紧急优先的服务排队规则外，为了适应多变的服务环境，给顾客提供更好的服务，企业还需要探索创新的服务排队规则，我们将在第 4 章详细介绍关于服务排队规则创新的模式及应用。

2.1.2　服务排队流程

在对顾客到达特征进行考察，并制定对应的服务排队规则后，企业还需要考虑如何设计最优的服务排队流程，以便更好地为顾客提供服务。服务排队流程，也称为服务排队结构，主要考虑的是排队队列、服务台，以及服务阶段的设置，企业需要根据实际服务场景、排队情况、占地面积、顾客耐心程度等具体情况，对服务排队流程进行设置和调整。

排队队列可根据队列数量分为单队列和多队列两种情况。单队列是只设置一条排队队列，所有顾客都在同一条队列中等待。在使用单队列时，结合许多企业默认的先来先服务的服务规则，可确保先来者先服务，保证排队的公平性，同时顾客也不用担心排错队。但在单队列情况下，顾客需求没能得到细分，一个服务台可能需要给具有不同需求的顾客提供服务，会导致较低的服务效率和较长的顾客等待时间。多队列即同时设置多条排队队列，相较于单队列，多队列由于排队人数分散在多条队列中，一方面，给人的感觉比较短、服务速度比较快，同时离服务台也比较近，容易获得服务信息；另一方面，顾客也拥有队列选择权，当发现自己选择对了队伍，能比其他队列的先来者先获得服务，他会获得一种幸运的感觉，即便选错了队伍，也可以在等待过程中通过观察队列长度及服务速度，更换排队队伍。另外，当以队列来划分顾客的具体需求时，顾客可以得到更精细的服务，如在超市设立线上付款快捷通道，可以方便使用手机支付的顾客。

另外可以注意到，随着互联网的发展，现在很多服务场景下的排队队列逐渐由可见队列转为"隐形队列"，即顾客不会在现场看到排成长队的顾客，而是通过网上排队系统实时追踪排队信息，这样能使排队信息更加透明，顾客也能随时获取当前情况，更好地对自身时间进行安排。

　　除排队队列的设置之外，企业还需要注意服务台数量的设置，服务台数量会直接影响服务效率。服务台也有单服务台和多服务台的区分。在采用多服务台时，可以细分为平行式服务台与纵列式服务台两类。平行式服务台是指同时服务的服务台。这些服务台提供的可以是相同的服务，也可以是不同的服务。在多数情况下，企业可以根据顾客需求、顾客规模进行服务台数量的调整，各服务台之间是并联的关系。纵列式服务台是指具有前后顺序的服务连成的一串服务台。一般适用于可以或需要拆分为几个步骤或阶段进行的服务，各步骤或阶段之间不可替代和取消，各服务台之间形成串联的关系，它们之间具有一定的顺序性，此时，各服务台还可能存在单独的等候队列。

　　服务阶段是指提供服务的细分步骤。与前面类似，服务阶段也可以分为单服务阶段和多服务阶段两种情况。单服务阶段一般适用于简单服务或不可分割服务的情形。多服务阶段适用于复杂服务和可分割服务，一般采用纵列式服务台的设计方式。多服务阶段需要考虑各个服务环节的平衡运作，维持这种平衡的一种方法就是进行提前审核，即预先对顾客进行筛选，避免在某个服务阶段出现拥堵。例如，办证环节的提前审核，预先筛选不符合要求的顾客，以增加多服务阶段的服务效率，避免服务资源浪费。

　　综上，结合不同的排队队列、服务台和服务阶段设置，在实际服务运营中常见的服务排队流程设计类型主要有以下五种。

1. 单队列、单服务台、单服务阶段

　　如图 2.1 所示，该类型最为简单，实行该服务排队流程的一般为规模较小的企业。由于仅存在单服务台，企业在引导顾客排队时，可能会采取"叫号"制和蛇形队列的排队方式，从而降低顾客等待的厌倦感。

图 2.1　单队列、单服务台、单服务阶段情况示意图

2. 单队列、多服务台（串联）、多服务阶段

如图 2.2 所示，该类型下采用了多个串联服务台，顾客在通过前面服务台的服务后，需要前往下一个服务台接受服务，在接受服务前也需要进行排队等待，直到完成所有服务台的服务后才离开服务排队系统。

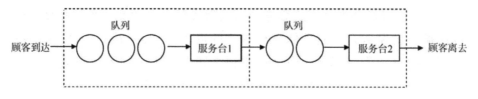

图 2.2　单队列、多服务台（串联）、多服务阶段情况示意图

一些社区医院非工作日通常只有一个医生出诊，患者先挂号再去看医生，医生根据患者的病情开出检查项目。患者根据医生开出的检查项目先交费再做检查，做完检查再给医生看检查结果，最后医生根据各种检查结果开出药方，患者再交费取药。这样的一个流程就是单队列、多服务台（串联）、多服务阶段。

3. 单队列、多服务台（并联）、单服务阶段

如图 2.3 所示，该类型中可能存在多个并联服务台，这些并联服务台大多数情况下会提供相同的服务，以分散到达的顾客，缩短各顾客的等待时间；但也有提供不同服务的并联服务台，以细分顾客需求，将业务进行分类。无论是上述哪种情况，顾客在被分往不同服务台前都合并到一条队列中等待，这样的服务排队系统也称为并流系统。

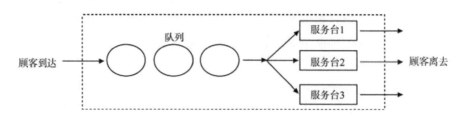

图 2.3　单队列、多服务台（并联）、单服务阶段情况示意图

银行有多个办理业务的窗口，客户需要在大厅读取身份证信息来取号，此时在取号系统上形成了一条单队列，银行会按照这条队列的先后顺序为客户提供服务，即被叫到号的顾客才能到相应的服务窗口接受服务。

4. 单队列、多服务台（并联）、多服务阶段

如图 2.4 所示，该类型事实上是第 2 种和第 3 种类型综合出的更复杂情况，即除了拥有多个服务阶段，单一阶段内还有多个服务台服务顾客，去往同一阶段不同服务台的顾客将共用同一个队列。

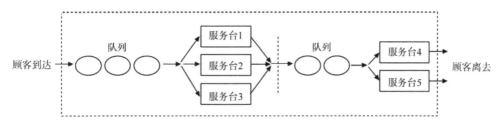

图 2.4　单队列、多服务台（并联）、多服务阶段情况示意图

在连锁理发店中，服务一般会被分为洗头和美发两个阶段，没有事先预约的顾客都排在同一个队列，等待洗头服务，在顾客洗完头之后，会进入美发的新队列中，等待发型师为之提供美发服务。由于有多名负责洗头和美发的工作人员，理发店的服务排队流程是单队列、多服务台（并联）、多服务阶段。

5. 多队列、多服务台、单服务阶段

如图 2.5 所示，该类型主要引入了多个队列，即在顾客到达后，接受服务前就预先为他们划分好各自的队列，而不同的队列会固定对应不同的服务台。这样看来，事实上到达顾客就被服务排队系统预先分流了，因此可以称该服务排队系统为分流系统。

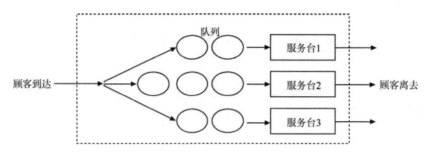

图 2.5　多队列、多服务台、单服务阶段情况示意图

大型超市的收银台的服务排队流程就是一个典型的多队列、多服务台、单服务阶段的系统。顾客按对应的收银台分开排队，付款完毕后各自离开。此外，该系统在政府办事机关、车站、机场等情形下也有广泛使用。

2.2　服务排队系统的绩效测量指标

在 2.1 节中，我们介绍了排队管理中的重要一环——服务排队系统的服务排队规则与服务排队流程的设计，企业可以因地制宜地选择合适的服务排队规则和服务排队流程来构建服务排队系统的框架。企业在进行排队管理后，如调整了服务排队规则和服务排队流程后，企业的管理最关心的肯定是该系统的效率怎么样；这些管理措施是否达到了预期的效果；是否需要对该系统进行进一步的改进或调整。要回答这些问题，就需要构建一些能被量化的指标来体现服务排队系统的实际运行效率，所以本节将介绍一些常用的服务排队系统数量指标。

常用的服务排队系统的数量指标通常可分为系统状态指标和系统绩效指标两大类，它们表征和衡量了一个服务排队系统不同方面的绩效表现，下面我们分别介绍这两类绩效测量指标。

2.2.1　系统状态指标

系统状态指标反映的是服务排队系统状态的客观数量特征，主要包括平均到达率、有效到达率、平均服务率、系统负荷水平、系统队长状态。这些指标可通过收集相关数据直接进行测算，反映的是服务排队系统的规模大小和数量多少等客观数量特征。

1. 平均到达率

排队系统的平均到达率通常被简称为到达率，用符号 λ 表示，其实际意义是指单位时间内平均到达服务排队系统的顾客数，反映了顾客到达系统的速率快慢。在数学上，通常假定顾客的到达过程服从泊松过程，此时，平均到达率的倒数，即 $1/\lambda$ 表示顾客平均到达时间间隔，即相邻两个顾客到达的平均间隔时间，也就是平均每隔多长时间会有一个顾客到达。例如，$\lambda=20$ 人/小时，表示的是该系统每小时平均会有 20 个顾客到达，那么相邻两个顾客到达的平均时间间隔为 $1/\lambda=1/20$ 小时=3 分钟，即平均每 3 分钟就有 1 个顾客到达。

2. 有效到达率

在实际中，顾客到达时，会根据服务台的服务状态和排队队伍的实际状况做出是否进入服务排队系统的决策。例如，如果顾客发现服务台处于繁忙状态，或排队人数过多，又或是服务排队系统的容量已满，顾客就会离开服务排队系统，因此，到达服务排队系统的顾客不一定会全部进入系统，只有一部分的顾客会真正进入系统。为了刻画实际进入服务排队系统的顾客量，我们引入有效到达率这一指标，通常用 λ_e 表示。有效到达率指的是单位时间内进入服务排队系统的顾客数，需要注意的是平均到达率 λ 指的是单位时间内平均来到系统的顾客数，即来到系统并不等于进入了系统。例如，人们在麦当劳点餐时往往需要排队，假设每小时来到麦当劳店里的人数平均为 100 人，即平均到达率 $\lambda=100$ 人/小时，但其中平均会有 10 人看到队伍太长，选择直接离去，而没有进入系统点餐，那么此时该系统中的有效到达率 $\lambda_e=90$ 人/小时。

由此可见，服务企业应该在努力增加平均到达率 λ 的同时，更加需要增加有效到达率 λ_e，因为有效到达的顾客才是能为企业带来收益的顾客，如果一个系统的有效到达率远小于平均到达率，即很大一部分顾客不进入服务排队系统，而是直接选择离去的话，会为之带来较大的负面影响，如顾客抱怨、对该项服务失去信心、产生抵触心理、不再消费等，从而给企业带来较大的机会损失成本，因此，有效到达率是服务企业应该重点关注的一个绩效测量指标。

3. 平均服务率

平均服务率是指单位时间内平均服务的顾客数量，即服务排队系统在单位时间内能服务多少个顾客，通常用符号 μ 表示。在数学上，服务时间通常假定服从指数分布，此时，平均服务率的倒数，即 $1/\mu$ 表示的是每个顾客的平均服务时间。例如， $\mu=20$ 人/小时，表示该服务排队系统每小时能服务 20 个顾客，那么 $1/\mu=1/20$ 小时 $=3$ 分钟，即每个顾客的平均服务时间为 3 分钟。

4. 系统负荷水平

系统负荷水平一般用 ρ 表示，也称为服务强度、服务负荷，它反映了服务台在承担服务和满足顾客需求方面的工作负荷或者繁忙程度，即单个服务台在单位时间内用于为顾客提供服务的平均时间，也就是每个服务台处于工作状态的时间占总时间的比例，其计算公式为

$$\rho=\frac{\lambda_e}{\mu}$$

系统负荷水平 ρ 既反映了服务台的有效利用率，也反映了服务台的繁忙程度，表示服务排队系统中有顾客的概率。例如， $\lambda_e=20$ 人/小时， $\mu=40$ 人/小时， $\rho=\frac{\lambda_e}{\mu}=50\%$ ，即说明此时服务台的有效利用率为 50%，也表示服务排队系统中有顾客的概率为 50%。

当 $\rho>1$ 时，顾客的有效到达率 λ_e 大于服务台的平均服务率 μ ，此时系统将一直处于排队状况，且排队的队伍会越来越长。因此，这样的服务排队系统也称为爆炸系统。此时的系统是不稳定的，因为当排队的顾客越来越多时，必定有顾客会选择离开队伍，从而使得有效到达率出现下降，直至系统处于稳定状态，稳定后的服务强度一定会小于 1。因此，实际中通常不会出现这样的爆炸系统。当 $\rho<1$ 时，顾客的有效到达率 λ_e 小于服务台的平均服务率 μ ，此时系统也可能会出现排队，在排队论中， $\rho<1$ 是服务排队系统具有稳定状态的必要条件。

系统负荷水平过大或过小都会对服务排队系统产生负面影响。当系统负荷水平过大时，一方面，会导致系统排队现象严重，即顾客必须要花费很长的时间排队才能接受服务；另一方面，服务台的繁忙程度较高，会导致服务员的工作压力较大，其提供的服务质量可能会下降，所以太大的系统负荷水平会对服务排队系统造成很大的负面影响，具体可以表现为顾客投诉、抱怨增加，员工离职率高等。那么过小的系统负荷水平会给顾客或服务企业

带来好处吗？答案肯定是否定的。过小的系统负荷水平，一方面，说明服务台的服务能力有较大富余，服务能力利用率较低，会导致企业产生较高的成本；另一方面，工作量较小会导致服务员懒散，从而导致服务状态不佳、服务质量和效率低等现象，从而使顾客的服务体验降低、顾客抱怨率上升。

因此，当系统负荷水平过大或过小时，服务企业应该采取一定的措施进行调整，将系统负荷水平调整到合适的大小。当系统负荷水平过大时，企业可以通过增加服务台的数量、开通线上服务通道等方式缓解服务压力。例如，近年来，患者就医需求增加，而医疗服务资源比较紧缺，导致医院排队现象严重，为解决该问题，很多医院开通了线上问诊服务，让部分患病较轻的患者无须排队，在网络上就可以享受就医服务，减轻了医院中排队严重的现象。当系统负荷水平过小时，企业可以适当地增加系统负荷水平，以保证服务质量，如商场的安保人员平时会组织定期的演练，模拟商场发生紧急情况时的处置方案，虽然紧急情况并不常有，但一旦发生可能会造成严重后果，因此这样的演练能保证安保人员在紧急情况发生后迅速、有效地采取应对措施，这便是人为地增加系统负荷水平的一种方式。

5. 系统队长状态

系统队长状态是指在某个时刻 t 服务排队系统内的顾客数量，通常用 N_t 表示。一般来说，服务排队系统中的顾客数 N_t 是一个随机变量，当系统达到稳定状态时，N_t 是服从一定分布的，如果用 $P_n(t)=P\{N_t=n\}$ 来表示在时刻 t 系统中顾客数量为 n 的概率，则 $P_0(t),P_1(t),\cdots,P_n(t)$ 构成了 N_t 的概率分布。

特别地，对于 $M/M/1$ 系统（该系统将在 2.3.1 节中详细介绍），$P_0(t)=P\{N(t)=0\}$ 表示在时刻 t 系统中的顾客数量为 0 的概率，即服务台处于空闲状态的概率。我们用系统负荷水平 ρ 表示系统中有顾客的概率，那么系统处于空闲的概率可以表示为

$$P_0=1-\rho$$

例如，当系统负荷水平为 50% 时，即 $\rho=50\%$，$P_0=1-\rho=50\%$，此时系统处于空闲的概率为 50%。

2.2.2　系统绩效指标

系统绩效指标反映的是服务排队系统的运行效率，包括平均队长、平均

排队队长、平均逗留时间、平均等待时间，这些指标往往不能直接观测到，需要根据一定的数量关系进行计算。

1. 平均队长

平均队长，记作 L_s，又称平均系统逗留人数，是指服务排队系统中的平均顾客数，包括正在排队等待的顾客和正在接受服务的顾客[1]，即系统中总人数的期望值。

2. 平均排队队长

平均排队队长，记作 L_q，指的是队列的平均长度，表示在服务排队系统中排队等待的平均顾客数，即只包含排队等待的顾客，而不包括正在接受服务的顾客。

3. 平均逗留时间

平均逗留时间，记作 W_s，是指从顾客进入服务排队系统，直到离开服务排队系统的全部时间的平均值，平均逗留时间与平均队长 L_s 相关，既包括顾客的排队时间，也包括其接受服务的时间[2]。

4. 平均等待时间

平均等待时间，记作 W_q，是指顾客在系统中排队等待的平均时间，与平均排队队长 L_q 相关，只包括排队等待时间[2]。

上述介绍的平均排队队长和平均等待时间、平均队长和平均逗留时间这两组绩效测量指标，可以利用利特尔法则（Little's law）进行相互转换。利特尔法则由约翰·利特尔（John Little）于 1954 年提出，可用于稳定、非占先式①的服务排队系统中，其具体内容为：在一个稳定的服务排队系统中，稳定状态下的平均顾客人数 L 等于稳定状态下的有效到达率 λ_e 乘以顾客在系统中的平均时间 W[3]，即

$$L = \lambda_e W$$

利特尔法则的适用性很广，它还可以用来确定在途存货的数量，即系统

---

① 在具有优先权的服务排队系统中，占先式服务排队系统是指当服务台正在为普通顾客提供服务时，只要有优先权顾客进入服务排队系统，服务台就会立即停止对普通顾客的服务，转而向优先权顾客提供服务；而非占先式服务排队系统则是指优先权顾客不会直接抢占普通顾客的服务，而是等待服务台完成该次服务。

中的平均存货等于平均需求率乘以平均库存时间。该法则的唯一条件就是，所应用的系统必须是长期稳定的，且不能有插队、抢占的情况发生，这样才能排除换场状况所带来的偶然性，如开业、关厂等。

那么，基于利特尔法则，服务排队系统的平均队长和平均逗留时间、平均排队队长和平均等待时间这两组绩效测量指标的相互转换关系可以表示为

$$L_s = \lambda_e W_s$$
$$L_q = \lambda_e W_q$$

通过以上公式可知，只要我们在实际中测出了公式中的任意两个指标，那么就可以很方便地计算出第三个指标，同时，在对排队服务系统进行调整时，我们只要控制住了公式中的任意一个指标，那么另两个指标之间的关系就非常明确了。为了加强读者对利特尔法则的理解，下面我们通过一个例题来说明该法则的应用。

例 2.1　假设麦当劳在上午 11 点到 12 点之间，共有 178 名顾客到达点餐窗口，通过统计得知在点餐窗口前排队的平均人数是 20 人，请问在这段时间内，每位顾客的等待时间是多少？

解：由题意知，顾客有效到达率 λ_e＝178（人/小时），平均队长 L_s＝20（人）。由利特尔法则易得

$$W_s = \frac{L_s}{\lambda_e} = \frac{20}{178} \approx 0.112 \text{（小时）} = 6.72 \text{（分钟）}$$

所以每位顾客在排队点餐时，平均需要等待 6.72 分钟。

对于服务排队系统的这两种绩效测量指标，系统状态指标可以通过观察记录并简单计算直接得出，而对于系统绩效指标，一般来说，服务企业可以先收集系统状态指标，再根据系统状态指标计算出系统绩效指标，并以此来衡量服务排队系统的效率，这也是我们接下来要介绍的内容——服务排队系统绩效测量方法。

2.3　服务排队系统绩效测量方法

衡量服务排队系统效率的方法通常有两种：第一种是基于排队模型的绩效测量方法，该方法通过收集服务排队系统中的各项实际系统状态指标，再根据排队模型的基本公式计算出各系统绩效指标的值，并以此来衡量服务排

队系统的绩效或效率；但是，在实际中，很多服务排队系统结构往往很复杂，难以通过排队模型进行刻画，又或者在服务排队系统设计之初，实际系统状态指标数据往往难以获得，此时为了衡量服务排队系统的绩效，除了基于排队模型的绩效测量方法，第二种是基于仿真的绩效测量方法，该方法采用计算机仿真软件模拟企业服务排队系统运行的情况，并由计算机自动测算相关的绩效测量指标。接下来我们将逐一介绍这两种方法。

2.3.1　基于排队模型的绩效测量方法

在明确了服务排队系统绩效测量的指标后，我们关心的是如何计算这些指标，本节将介绍最常用的基本排队模型——$M/M/1$ 服务排队系统，并进一步基于 $M/M/1$ 服务排队系统介绍服务排队系统绩效测量指标的计算方法。

1951 年，肯德尔（K. D. Kendall）提出了服务排队系统的符号表示法，他将服务排队系统用符号 $X/Y/Z/A/B/C$ 表示，其中 X 表示顾客的到达时间间隔分布[4]；Y 表示服务台的服务时间分布；Z 表示服务台的数量；A 表示系统容量限制；B 表示顾客源数量；C 表示服务规则。为简单起见，可以省去后三个符号，此时默认系统容量限制和顾客源数量为无穷大，服务规则为 FCFS。

在服务排队系统的符号表示法中，一些常见的分布可以用约定俗成的字母简单表示，其中，负指数分布用 M 表示、常数分布用 D 表示、爱尔兰分布用 E 表示。例如，符号 $M/M/c/n/N/FCFS$ 指的是顾客的到达时间间隔和服务台的服务时间均服从负指数分布，系统中共有 c 个服务台，系统容量限制为 n，顾客源数量为 N，采用 FCFS 的服务规则的服务排队系统。

因此，在 $M/M/1$ 服务排队系统中，顾客的到达时间间隔和服务台的服务时间均服从负指数分布，系统中只有 1 个服务台，即单服务台系统。假设这个系统的顾客有效到达率为 λ_e（$\lambda_e > 0$），服务台的平均服务率为 μ（$\mu > 0$），当 $\lambda_e < \mu$ 时，系统处于稳定状态，则此时系统处于空闲状态的概率 P_0 和处于状态 n 的概率 P_n 分别为

$$P_0 = 1 - \rho = 1 - \frac{\lambda_e}{\mu}$$

$$P_n = \rho^n P_0 = \left(\frac{\lambda_e}{\mu}\right)^n \left(1 - \frac{\lambda_e}{\mu}\right), \quad n = 1, 2, \cdots$$

其中，$\rho = \dfrac{\lambda_e}{\mu}$ 表示系统负荷水平。下面我们将介绍 $M/M/1$ 服务排队系统的绩

效测量指标的计算公式，如表 2.1 所示。

表 2.1　$M/M/1$ 服务排队系统绩效测量指标计算公式

指标	计算方法
平均队长 L_s	$L_s = \dfrac{\lambda_e}{\mu - \lambda_e}$
平均排队队长 L_q	$L_q = \dfrac{\rho^2}{1-\rho} = \dfrac{\lambda_e^2}{\mu(\mu - \lambda_e)}$
平均逗留时间 W_s	$W_s = \dfrac{L_s}{\lambda_e} = \dfrac{1}{\mu - \lambda_e}$
平均等待时间 W_q	$W_q = \dfrac{L_q}{\lambda_e} = \dfrac{\lambda_e}{\mu(\mu - \lambda_e)}$

例 2.2　假设某邮局只有一个服务窗口，在一天的服务时间内，顾客的到达时间服从泊松分布，且平均每小时有效到达 5 人，收件员的服务时间服从负指数分布，且服务一个顾客的时间平均为 6 分钟。请计算这个服务排队系统的相关系统绩效测量指标。

解：在该服务排队系统中，顾客的到达时间服从泊松分布，则说明顾客的到达时间间隔服从负指数分布；而收件员的服务时间也服从负指数分布，且该系统为单服务台系统，说明这是一个标准的 $M/M/1$ 服务排队系统。由题意知：顾客有效到达率 $\lambda_e = 5$（人/小时），收件员的平均服务率 $\mu = 10$（人/小时），系统负荷水平 $\rho = \dfrac{\lambda_e}{\mu} = 0.5$。则有以下计算。

（1）平均队长 L_s：$L_s = \dfrac{\lambda_e}{\mu - \lambda_e} = \dfrac{5}{10 - 5} = 1$（人）。

（2）平均排队队长 L_q：$L_q = \dfrac{\rho^2}{1-\rho} = \dfrac{0.5^2}{1-0.5} = 0.5$（人）。

（3）顾客平均逗留时间 W_s：$W_s = \dfrac{L_s}{\lambda_e} = \dfrac{1}{5} = 0.2$（小时）。

（4）顾客平均等待时间 W_q：$W_q = \dfrac{L_q}{\lambda_e} = \dfrac{0.5}{5} = 0.1$（小时）。

（5）顾客不排队的概率 P_0：$P_0 = 1 - \rho = 1 - 0.5 = 0.5$。

以上仅以 $M/M/1$ 服务排队系统为例介绍了基于排队模型的绩效测量方法，更多关于基于排队模型的绩效测量方法可以参考《随机模型及其应用》[5]、《运筹学中的随机模型》[6]和 *Fundamentals of Queueing Theory* [7]。

2.3.2　基于仿真的绩效测量方法

2.3.1 节介绍了如何基于排队模型对服务排队系统绩效测量指标进行测量，但理论模型的分析依赖于模型的假定，如 $M/M/1$ 服务排队系统假定顾客到达时间间隔和服务台的服务时间均服从负指数分布、绩效测量指标的测量需要系统处于稳态等，然而实际中的服务排队系统往往更为复杂，并不符合或完全符合相关模型的假定。并且，当企业设计出一套新的服务方案或者排队管理策略，要通过实际执行来验证该方案或者策略的有效性时，往往需要投入大量的时间与资金，甚至面临较大的风险。随着电子计算机的发展，仿真技术可以帮助企业快速地对复杂的服务排队系统进行模拟实验，低成本、高效率地对服务排队系统的绩效测量指标进行测量，方便企业及时发现问题，从而大大降低决策失误造成的后果。

在服务排队系统中，每个顾客的到达、各个服务台完成每个顾客的服务等事件可以被视为多个互不关联的离散事件，因此我们可以采用离散事件仿真（discrete event simulation，DES）来对服务排队系统绩效进行测量。离散事件仿真，即在离散系统中对按一定时序发生的随机事件进行模拟的技术。下面我们将介绍基于计算机的离散事件仿真原理，以及常用的仿真软件，并结合一个实际案例说明离散事件仿真是如何被运用到服务排队系统的绩效测量中的。

1. 基于计算机的离散事件仿真原理

在服务排队系统中存在许多随机因素，如顾客的到达、服务流程中各服务台服务每个顾客的时间、导致服务台中断服务的突发事件等。要对服务排队系统进行模拟，本质就是要对这些离散的随机事件进行模拟，而要通过计算机对这些离散的随机事件进行模拟，通常就是对这些事件的发生时间点和持续时间进行仿真，如每个顾客的到达时间点、每接连两个顾客到达时间间隔、每个顾客的服务持续时间等。

通过计算机对这些离散事件进行仿真的时候，我们难以通过计算机产生真随机数，即通过物理现象（如掷硬币、骰子）产生的且完全无法预测下一个值的随机数，而只能产生伪随机数，也就是基于一个初始值，由复杂算法计算产生的随机数。这些随机数并非不可预测，本质上不具有真正的随机性，在得知算法的计算逻辑后我们就能 100%计算出相同的结果，但它们拥有计算方便、内存占用低、复算便捷的优点，因此在离散事件仿真中被广泛使用[8]。电子计算机中提供了丰富的预先定义的伪随机数，我们可以通过调用这些伪随机数对服务排队系统中离散随机事件的发生时间点、持续时间等数据进行仿真，通过仿真获得这些数据后，便可以对服务排队系统的各种绩效测量指标进行测算、分析和研究。

2. 服务排队系统的仿真软件简介

在电子计算机中对服务排队系统进行仿真，为了追求便捷性，通常借助一些高效的软件来进行。下面将介绍常用于服务排队系统仿真的几款软件，并简要说明它们的应用场景及优缺点。

1）Excel

Excel 是一款功能强大的电子制表软件。除了较为常用的制表及统计功能，Excel 还提供了丰富的函数进行伪随机数生成、数据计算。面对较为简单的服务排队系统，Excel 可以较为便捷地生成伪随机数，快速求出各类绩效测量指标。Excel 的优点在于，作为常用的办公软件，其学习成本较低且源数据的呈现较为直观；缺点在于，它并非专门用于仿真的软件，缺乏可视化的面板，所需的绩效测量指标需要手动输入公式生成。

2）Arena

Arena 是基于 SIMAN 模拟语言的通用仿真软件。它提供了多样化的可视化模块供用户搭建需要的服务排队系统，并且提供了实时的仿真动画，适合于对仿真可视化有较高需求的场景。Arena 的优点在于，自身编辑和运行的可视化程度高，便于演示的同时也能较方便地获取各类绩效测量指标；缺点在于，软件本身获取、安装较为困难，且需要用户花时间熟悉软件的操作流程。

3）Matlab

Matlab 是一款主要实现数值分析与计算、工程与科学绘图、控制系统的设计与仿真的数学软件。丰富的拓展包使该软件能够处理较为复杂的离散事件仿真场景，且可以使用代码生成可视化的仿真画面。Matlab 的优点在于，它能让用户通过代码实现复杂的离散事件仿真，并高效地求解各类绩效测量指标；缺点在于，它的上手难度较高，用户往往需要经过一段时间的学习才能编辑出需要的仿真代码。

4）Flexsim

Flexsim 是一款能匹配三维虚拟现实环境建立离散事件仿真的软件。它允许导入多类的 3D 文件，支持阴影和凹凸贴图纹理，能制作出更接近于实际环境的模型视图，非常适合于需要展示、汇报服务系统运作流程的场景。Flexsim 的优点在于，它能提供非常强大的 3D 虚拟现实场景，模型的可视化程度极高；缺点在于，它需要操作者熟悉 C++及 3D 制作相关的知识，学习材料也较少，难度较高。

3. 基于 Excel 的服务排队系统仿真示例

下面将基于 Excel 软件，通过一个具体的例子展示利用离散事件仿真对服务排队系统的绩效测量指标进行测量的具体步骤。这里我们以一个体育场馆的门票售卖窗口作为例子，该门票售卖窗口在平时运行情况较好，顾客购买门票时的平均等待时间在 2 分钟左右。经统计，顾客的到达时间服从泊松分布，有效到达率 $\lambda_e = 0.2$（人/分钟）。顾客办理买票业务的时间服从负指数分布，平均服务率 $\mu = 0.7$（人/分钟）。近期该体育场馆需要承担一项大型赛事，预估赛事期间顾客的有效到达率将达到 $\lambda_e = 0.5$（人/分钟）。主管人员希望通过预先测量该赛事期间该窗口的顾客平均逗留时间、平均等待时间等系统绩效指标，以评估该门票售卖窗口是否能较好地完成该项赛事的门票售卖工作。

该门票售卖窗口是一个典型的单队列、单服务台、单服务阶段的服务排队系统，其流程如图 2.6 所示。

图 2.6　门票售卖窗口的服务排队系统流程示意图

首先，我们打开 Excel 并新建一个工作簿，在 B1、B2 的单元格中存放有效到达率和平均服务率的具体数值，并在右侧，从 E 列开始，按照图 2.6 的流程，依次列出到达人次（E2 单元格）、到达时间间隔（F2 单元格）、到达时间（G2 单元格）、开始时间（H2 单元格）、服务时间间隔（I2 单元格）、结束时间（J2 单元格）、等待时间（K2 单元格）、逗留时间（L2 单元格）、是否空闲（M2 单元格）这些反映各离散随机事件状态的指标，并使用"1"代表服务排队系统处于空闲的状态，用"0"代表服务排队系统处于繁忙的状态，E2～M2 单元格的公式分别为[9]

$$E2： =SUM(E1，1)$$

$$F2： =-(1/\$B\$1)*LN(RAND())$$

$$G2： =SUM(G1，F2)$$

$$H2： =MAX(G2，J1)$$

$$I2： =-(1/\$B\$2)*LN(RAND())$$

J2：=H2+I2

K2：=H2−G2

L2：=J2−G2

M2：=IF(K2=0，1，0)

其中，F2 的公式由指数分布的累积分布函数变化而来，即

$$P(x) = F(X) = 1 - \mathrm{e}^{-\lambda_e x}, \ x \geqslant 0$$

$$\Leftrightarrow 1 - P(x) = \mathrm{e}^{-\lambda_e x}$$

$$\Leftrightarrow \ln\left(1 - P(x)\right) = -\lambda_e x$$

$$\Leftrightarrow x = \frac{-\ln\left(1 - P(x)\right)}{\lambda_e}$$

其中，x 表示顾客到达时间间隔；$P(x)$ 表示顾客到达时间间隔所服从的指数函数的累积分布函数；λ_e 表示有效到达率。

其次，基于上述的推导结果，我们只需要利用 Excel 中 RAND() 函数随机产生一个定义域在（0,1）服从均匀分布的随机数来代替 $P(x)$，便可以基于上述的公式，随机产生一个对应的满足负指数分布的顾客到达时间间隔 x。同样，I2 单元格基于相同原理随机产生满足负指数分布的服务时间间隔。

再次，在有效到达率和平均服务率的下方插入平均逗留时间、平均等待时间等我们需要的绩效衡量指标。为了方便比较仿真结果的准确性，这里加入了理论结果的计算进行对比，对应单元格的公式如下：

B5：=B1/(B2−B1)/B2

B6：=1/(B2−B1)

B7：=1−B1/B2

B8：=B1/B2

C5：=SUM(K:K)/COUNT($E:$E)

C6：=SUM(L:L)/COUNT($E:$E)

C7：=SUM(M:M)/COUNT($E:$E)

C8：=1−C7

最后，当我们运行该仿真模型时，只需要将图 2.7 中 E 到 M 列的结果向下拖动到需要的仿真次数，模型便能自动计算对应的模拟结果。这里我们设定仿真次数为 1000 次，将 E 到 M 列向下拖动 1000 行，最终的仿真结果如图 2.8 所示，可以发现，仿真得到的结果与理论结果相差并不多。如果重复运行多次，我们还能得到监控的绩效测量指标的波动范围。

	A	B	C
1	有效到达率	0.5	
2	平均服务率μ	0.7	
3			
4		理论结果	模拟结果
5	平均等待时间	3.57	
6	平均逗留时间	5.00	
7	系统空闲概率	0.29	
8	系统繁忙概率	0.71	

到达人次	到达时间间隔	到达时间	开始时间	服务时间间隔	结束时间	等待时间	逗留时间	是否空闲
1	0.58	0.58	0.58	1.88	2.46	0.00	1.88	1

图 2.7　门票售卖窗口仿真模型构建示意图

	A	B	C
1	有效到达率	0.5	
2	平均服务率μ	0.7	
3			
4		理论结果	模拟结果
5	平均等待时间	3.57	3.51
6	平均逗留时间	5.00	4.92
7	系统空闲概率	0.29	0.30
8	系统繁忙概率	0.71	0.70

到达人次	到达时间间隔	到达时间	开始时间	服务时间间隔	结束时间	等待时间	逗留时间	是否空闲
1	0.62	0.62	0.62	0.52	1.15	0.00	0.52	1
2	0.88	1.51	1.51	0.18	1.68	0.00	0.18	1
3	9.06	10.56	10.56	0.04	10.60	0.00	0.04	1
4	4.47	15.03	15.03	0.14	15.17	0.00	0.14	1
5	2.59	17.63	17.63	0.28	17.90	0.00	0.28	1
6	1.94	19.56	19.56	2.33	21.90	0.00	2.33	1
7	0.74	20.30	21.90	4.80	26.70	1.60	6.40	0
8	1.18	21.47	26.70	0.43	27.12	5.22	5.65	0
9	4.06	25.54	27.12	1.88	29.01	1.59	3.47	0
10	0.25	25.79	29.01	0.05	29.06	3.22	3.27	0
11	0.63	26.42	29.06	0.40	29.46	2.64	3.04	0
12	1.03	27.45	29.46	3.69	33.15	2.01	5.70	0
13	0.81	28.26	33.15	2.12	35.28	4.90	7.02	0
14	1.24	29.50	35.28	0.18	35.46	5.78	5.96	0
15	2.77	32.27	35.46	1.56	37.02	3.18	4.74	0
16	2.58	34.86	37.02	2.36	39.38	2.16	4.52	0
17	8.70	43.56	43.56	1.76	45.32	0.00	1.76	1
18	0.21	43.77	45.32	2.57	47.89	1.55	4.12	0
19	0.04	43.81	47.89	3.13	51.02	4.07	7.20	0
991	1.92	2015.11	2032.84	0.93	2033.77	17.73	18.67	0
992	0.15	2015.26	2033.77	1.86	2035.63	18.51	20.37	0
993	7.35	2022.61	2035.63	0.39	2036.02	13.02	13.41	0
994	0.78	2023.39	2036.02	0.40	2036.42	12.63	13.03	0
995	3.59	2026.99	2036.42	0.02	2036.44	9.43	9.45	0
996	1.87	2028.86	2036.44	0.55	2036.99	7.58	8.13	0
997	2.91	2031.77	2036.99	1.01	2038.00	5.22	6.23	0
998	1.48	2033.24	2038.00	1.94	2039.94	4.76	6.70	0
999	0.07	2033.31	2039.94	2.63	2042.57	6.63	9.25	0
1000	0.47	2033.79	2042.57	3.96	2046.53	8.78	12.74	0

图 2.8　门票售卖窗口仿真模型运行结果示意图

参 考 文 献

[1] 孙本年. 银行排队模型及其在提高银行服务质量中的应用[D]. 合肥：合肥工业大学，2007.

[2] 沈荣芳. 运筹学高级教程[M]. 2 版. 北京：高等教育出版社，2008.

[3] 王静，宋宁哲，张辉. 雷达装备可修复备件保障评估指标研究[J]. 舰船电子工程，2015，35（10）：129-132.

[4] 张兆栋，张明智. 基于信息排队理论的指挥效能评估[C]//中国指挥与控制学会. 2013 第一届中国指挥控制大会论文集. 北京：中国指挥与控制学会，2013：5.

[5] 邓永录. 随机模型及其应用[M]. 北京：高等教育出版社，1994.

[6] 邓永录. 运筹学中的随机模型[M]. 广州：中山大学出版社，1996.

[7] Shortle J F, Thompson J M, Gross D, et al. Fundamentals of Queueing Theory[M]. 5th ed. Hoboken：Wiley-Interscience，2017.

[8] 吴旭光. 计算机仿真技术与应用[M]. 西安：西北工业大学出版社，1998.

[9] 晶晶. 在 Excel 中应用随机函数模拟单服务台排队系统[J]. 中国管理信息化，2010，13（9）：91-92.

第 3 章　顾客需求管理

　　服务的实质就是服务企业提供服务来满足顾客需求的过程，这些服务和需求可能是同质的，也可能是差异化的，那么服务企业应该提供什么样的服务呢？这就要取决于顾客的需求，毕竟服务是为顾客提供的，服务企业要时刻铭记"顾客就是上帝""顾客至上"等原则，因此，了解顾客需求和掌握顾客需求特征是服务企业的一门"必修课"。同时，顾客需求是一个完整服务排队系统的输入部分，对服务排队系统有着重要影响，众所周知，需求量过大会导致服务排队系统拥挤，需求量过小会导致服务资源浪费，因此为了提高服务排队系统的效率，实现服务企业利益最大化和长远发展，服务企业需要对顾客需求进行管理。本章将介绍顾客需求管理的内容，具体包括顾客需求特征、顾客需求分类，并引入了一个新的概念——顾客隔离。

3.1　顾客需求特征

　　顾客需求特征是指顾客需求所具有的一些性质。顾客需求特征主要体现在四个方面，分别是顾客需求总量、顾客需求的可调节性、顾客需求批量，以及顾客需求的随机性，接下来我们将逐一介绍。

3.1.1　顾客需求总量

　　顾客需求总量是指对某项服务有需求的顾客总数，即到服务排队系统接受服务的顾客总数，也可以被称为顾客总体数、顾客源、输入源。根据顾客总数的有限与否，顾客需求总量可被划分为以下两种类型。

1. 有限总量

有限总量指顾客需求量是有限的，即到服务排队系统接受服务的顾客总数是确定的。有限总量的服务排队系统通常是一个闭环服务排队系统，该类系统只服务于特定的群体，通常每个顾客接受完服务后仍会回到原来的总体，还有可能再次接受服务。例如，某工人负责维护某区域的 n 台电梯，当电梯发生故障时，该工人会对其进行维修，修好之后电梯将继续投入使用，然而，该电梯可能会再次发生故障，未来还会产生维护需求。在这个例子中，该工人作为服务台，为 n 台电梯提供维护服务，他的顾客需求总量始终来自这 n 台电梯，因此是一个有限总量的服务排队系统。在日常生活中，咨询公司、律师事务所、美容店等通常都是为特定区域的目标客户提供服务，顾客总量往往相对固定，因此均可近似地看作有限总量的服务排队系统。

2. 无限总量

无限总量指顾客需求量是无限的，即到服务排队系统接受服务的顾客数量非常多，顾客总量是不确定的。无限总量的服务排队系统通常是一个开环的服务排队系统，该类系统可以服务于所有人，而非特定的群体。例如，对于高速公路收费站的收费服务，通行车辆的总量是不确定的，所有的通行车辆都须通过收费站接受收费服务，这就是典型的无限总量服务排队系统。

3.1.2　顾客需求的可调节性

顾客需求的可调节性是指顾客的需求是可调节、可被改变的，该特征是服务企业实现顾客需求管理的基本条件，服务企业可以通过制定营销策略、价格浮动策略或某些规则来影响顾客需求。

如图 3.1 所示，服务过程主要有三个时间点，分别是服务前、服务中、服务后。在服务企业为顾客提供服务前，主要是顾客购买服务的过程，我们将之称为服务的交易过程；在完成服务的购买后，顾客就可以享受企业提供的服务，我们将之称为服务的交付过程；在结束服务享受后，顾客可以对服务进行评价，即服务的评价过程，这就是服务的一般性过程。一般来说，顾客在购买了服务之后才能享受服务，如先买机票后乘机，只有少数情况下是先享受服务后付款，如在有些餐厅中，顾客在离开时才结账。交易过程与交付过程存在的时间差意味着服务企业可以分别从这两个过程考量，更好地调节顾客需求。此外，需要注意的是交易过程和交付过程之间可能会互相影响。例如，有些服务企业会使用预售的手段提早完成服务的交易过程，而将服务的交付过程滞后，即顾客购买了服务，需要一段时间后才能享受服务，服务交易的时间和地点可能会影响交付的时间和地点。

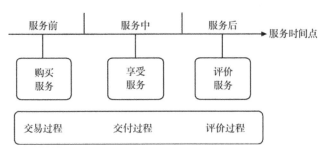

图 3.1　服务过程

服务过程是服务企业满足顾客需求的过程，所以服务的交易过程也是需求的交易过程，服务的交付过程也是需求的交付过程，即顾客需求被满足的过程可分为交易和交付两个过程，那么顾客需求的可调节性顺其自然地就可分为需求交易的可调节性和需求交付的可调节性，服务企业可以通过需求交易特征和需求交付特征去调节顾客需求。具体来说，需求的交易过程主要有4 个交易特征，分别是交易时间、交易地点、交易渠道、交易柔性，而需求的交付过程主要有交付时间和交付地点两个特征，这些特征均具有可调节性，因此，服务企业在调节顾客需求时可以针对这些方面来制定合适的策略（表 3.1）。

表 3.1　服务过程及过程特征

服务过程	过程特征	举例
以餐饮业为例子进行以下举例说明。小明周六下午在家通过手机 App 购买了一张餐馆 A 的一人套餐券，第二天中午就在餐馆 A 使用该券，并享受了一顿可口的午餐		
交易过程	交易时间	周六下午
	交易地点	小明家
	交易渠道	线上交易（手机 App）
	交易柔性	可在优惠截止日期前的任何时间地点购买该优惠券
交付过程	交付时间	周日中午
	交付地点	餐馆 A
评价过程	无	无

另外，顾客需求的可调节性还可以体现为可引导性，即服务企业可以培养用户习惯，引导用户行为，使其使用习惯规范化，如高速公路收费站在没有推广 ETC（电子不停车收费，electronic toll collection）通道之前，用户没有使用 ETC 的习惯，所有过往车辆均需要在服务速度较慢的人工窗口进行缴费，所以在车流高峰期容易出现拥堵情况。而在 ETC 大范围推广后，收费站通过减少人工收费通道来培养用户使用 ETC 的习惯，从而增加了用户对 ETC 的黏性，这大大减少了高峰期的拥堵情况。

3.1.3　顾客需求批量

顾客需求批量是指一起来消费的同一批顾客的需求数量，也称顾客到达规模。例如，一起来饭店就餐的一批客人，在公交车站等待同一辆车的乘客等。服务企业可以依据对顾客需求批量的预测来设计和调整服务排队系统的服务能力。典型的例子是在餐饮服务中，由于顾客具有同时到达、同时接受服务、同时离开的特点，餐饮企业常常根据顾客需求批量来设置餐桌的大小，以及各类餐桌的数量。例如，海底捞根据顾客需求批量，将餐桌分为小桌、中桌、大桌三类，到达规模为四人及以下的顾客分配到小桌就餐，四至六人的顾客分配到中桌就餐，六人以上则分配到大桌就餐。这种策略本质上就等同于将不同规模的顾客安排在不同的队列，由具有不同服务能力（各种大小的餐桌数量不同）的餐桌进行服务，即人数多的顾客等大桌的位，人数少的顾客等小桌的位，通过设置合适餐桌的大小和各类餐桌的数量，便能有效降低每类顾客的等待时间。同时，为不同规模顾客提供服务的服务人员的工作也会有所划分，对服务企业来说，这种做法能够提高服务者的服务质量和服务效率，从而达到提高顾客满意度的目的。

值得一提的是，顾客需求批量也是可调节的，如我们经常会看到自助餐厅的广告："就餐人数 10 人以上可享受七五折"。在服务企业制定了关于顾客需求批量的规则后，部分顾客会视情况调整自己的批量，如今更容易见到的是电商平台利用这一特性进行促销的例子，消费者一开始可能只对一件商品有需求，但看到了类似第二件半价、第三件免费的广告标语之后，就会相应地增加自己的需求数量，原本只买一件，最终却买了一大堆。

3.1.4 顾客需求的随机性

顾客需求的随机性主要是指需求的交易过程和交付过程是随机的，均具有不确定性，在交易过程的随机性方面，顾客选择的交易时间、交易地点及交易渠道都是随机的，绝大多数取决于顾客的个人行为，当然也会受到服务企业策略的影响。例如，一家餐厅规定每个月的 1 号是会员日，在这一天订餐可享受优惠折扣，那么追求经济实惠的顾客就会将交易时间定在每个月的第一天。

需求交付过程的随机性主要是指需求的交付时间和交付地点具有一定的不确定性。广义上来说，需求的交付时间随机性就是指需求时间的随机性，同理，需求交付地点的随机性就是指需求地点的随机性，这里我们关注的是顾客想在何时何地实现他的需求，因此这种随机性也取决于顾客行为。

对于企业来说，其服务排队系统的服务能力通常是由其拥有的服务设施和雇用的服务人员数量决定的，因此，其服务能力通常是较为稳定的，短期内不易做出很大的调整和改变，如一个餐饮店的店面大小和服务员的数量是较为固定的。这就说明企业的服务供给是比较均衡的，但顾客的需求具有很强的随机性，服务供给的均衡与顾客需求的不均衡的矛盾是造成服务排队系统"供需不匹配"的根本原因。这种"供需不匹配"会造成服务排队系统过载或服务资源闲置、浪费等问题。例如，顾客的需求时间不确定性会导致在就餐时间到达餐馆就餐的人数特别多，大家都排起了长队，服务人员忙不胜忙，而在非就餐时间餐馆寥寥无人，服务人员也闲得发慌。与此同时，顾客需求地点的不确定性也会带来同样的问题。例如，假设有 A、B 两家奶茶门店为顾客提供同样的服务，只是门店的位置不同，那么在同一时间点，两家门店的拥挤程度可能会有较大的差异，有时 A 店人较多，而有时 B 店人较多。

顾客需求虽具有不确定性，但具有一定的随机规律，这种规律性就是我们在第 2 章介绍的顾客到达时间分布。为了应对顾客需求的随机性，除了掌握顾客需求的随机规律之外，还可以通过预约的方式将随机需求转变为确定性需求。例如，医院门诊的预约挂号服务，在没有预约挂号之前，医院门诊有时会存在长长的队伍，有时却只有少数患者，这会造成服务资源过载或服务资源浪费，但有了预约挂号服务之后，某天内患者需求的随机性便大幅度下降，当天的预约人数就是患者的需求数量，即实现了不确定性需求向确定性需求的转变。这种预约服务本质上是一种服务排队规则，具体我们将在第4章详细介绍。

　　总的来说，顾客需求特征描述的是顾客需求总数是多少、顾客是单个到达还是成批到达的、需求批量如何，以及顾客的需求是随机且可被调节的。了解顾客需求特征是服务企业管理需求的前提基础，另外服务企业还需明确顾客的需求类型，在 3.2 节中我们将阐述顾客需求类型的内容，并以此来对顾客需求进行分类与隔离。

3.2　顾客需求分类

　　顾客对不同的服务属性有着不同的需求，如服务产品结构、服务感知偏好、服务传递方式等，服务企业要提高服务效率，增加顾客满意度，就要充分考虑到顾客需求的多样化和差异化的特点。但是"一千个人眼中有一千个哈姆雷特"，需求会因人而异，服务企业不可能面面俱到，无法针对每个需求提供一项项对应的服务，同时冗余和混杂的需求也会造成服务排队系统的低效率，另外有些需求满足与否并不能影响顾客满意度，所以服务企业要了解顾客需求分类标准，明确哪些需求是必须要满足的，哪些需求是可以调整、转化、合并的，以此来做到在降低服务成本的同时保持较高的顾客满意度。进一步，服务企业在对顾客需求分类之后，就能对每个类别的需求进行更好的管理，易对服务的供需匹配进行调整，进而提高服务效率和顾客满意度，达到供需匹配和顾客高满意度的良性循环。

　　关于需求的分类，受赫茨伯格双因素理论[①]的启发，日本学者狩野纪昭（Noriaki Kano）于 1984 年提出了 KANO 模型，如图 3.2 所示，顾客的需求可以被分为三个层次：基本型需求、期望型需求和兴奋型需求。各层次的需求特点如表 3.2 所示。

----

① 双因素理论，也称激励保健理论，常用于企业团队管理。该理论认为满足低层次的需求，并不会产生激励效果，只会导致不满意感的消失，而不会产生满意感。双因素指的是激励因素和保健因素，只有满足激励因素，才能激发人的积极性，而满足保健因素，只能消除人的不满意感，并不能激发人的积极性，即不能增加满意感。

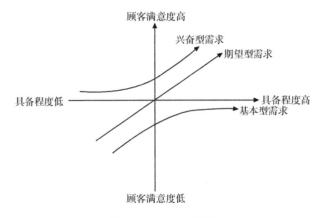

图 3.2　KANO 模型

表 3.2　KANO 模型中的需求特点

需求类型	需求特点
基本型需求	这类需求是企业必须要满足的，不提供此需求会使顾客满意度大幅度降低，但优化此需求，顾客满意度不会得到显著提升
期望型需求	提供此需求，顾客满意度会提升；不提供此需求，顾客满意度会降低
兴奋型需求	此类需求一经满足，即使表现并不完善，也能大幅度提升顾客满意度；而此类需求若得不到满足，也通常不会带来顾客的不满

　　KANO 模型多用于产品质量管理，可用来指导产品属性结构及明确产品功能侧重点，如微信应该包含哪些功能、运营团队应该侧重于聊天功能还是侧重于小程序功能。而本书关注的是服务排队系统，服务与产品不同，其具有无形性、易逝性等特点，我们更关注的是如何提升服务排队系统的整体效率，因此我们注重于实现服务供给和顾客需求的匹配，在 KANO 模型的基础上，我们将顾客的服务需求划分为刚性需求和柔性需求两大类。

　　刚性需求是指顾客的实际需求，与 KANO 模型中的基本型需求相似，该需求由市场结构决定，难以调节和改变，若得不到满足，会导致顾客抱怨和顾客流失。因此，这类需求对顾客来说就相当于"雪中送炭"，服务企业应该全力实现此类需求。例如，来医院的患者有着不同的刚性需求，有的是来体检的，有的是事先预约了某个科室门诊的，有的则是来看急诊的。这种需求的显著特点为"是什么就是什么""说一不二"，各需求之间难以转化，如有体检需求的患者通常不可能平白无故就产生了急诊需求。服务企业可以根据顾客的刚性需求类型将顾客划分至不同类型的顾客群中，通常可将顾客划分为多个亚顾客群，再为每个亚顾客群提供能满足其刚性需求的服务。比如，医院可以根据患者刚性需求的不同，将患者划分为体检亚顾客群、预约亚顾客群、急诊亚顾客群，并提供体检、预约挂号、急诊等服务。

柔性需求是易被改变、调整的需求，可对应于 KANO 模型中的期望型需求和兴奋型需求，主要是指顾客心理上希望能被实现的需求，这类需求对顾客来说相当于"锦上添花"，对于这类需求，服务企业应该尽力、争取去实现，以使自己的产品和服务优于竞争对手，从而为自己建立忠实的顾客群。例如，在某个"广州—西安"的航班上，乘客的刚性需求是从广州飞到西安的出行需求，这个需求难以被改变，若不实现该需求就会直接导致顾客流失，而柔性需求是指乘客希望能在该航班上体验到很好的服务，针对这种柔性需求，航空公司设立了头等舱、商务舱、经济舱等，以差异化的服务水准来满足顾客的柔性需求。柔性需求也是易调整、易转化的，如在某些特殊情况下，航空公司可以将商务舱的旅客调整到经济舱，当然，实际中这种降舱服务较少见，而升舱服务较常见，这种不同服务水准的可调节性就说明了顾客的柔性需求是可改变、可转化、可调节的。

在上述的例子中，顾客的刚性需求是从起点到终点的出行需求，无论在哪个舱位都能实现该需求，从经济实惠的角度来看，乘客应该都会选择经济舱，而事实告诉我们，在经济舱余票充足的情况下，依然会有不少人选择相对昂贵的头等舱和商务舱。为什么会出现这种现象呢？我们可以用心理账户①来解释，相对昂贵的头等舱和商务舱给乘客带来了较好的服务体验，能让乘客获得满足感，使他们的效用最大化，这种心理上的满足感能够抵消人们在支付时产生的痛苦感。

至此，我们将顾客的需求分为刚性需求和柔性需求，对于刚性需求，服务企业难以进行调整，只能将刚性需求进行分类，并分别对每种类型的刚性需求提供相应的服务，然而，服务企业对柔性需求的可操作性较大，可通过一些手段来实现柔性需求的调节和转化。因此，本章的顾客需求管理主要是针对柔性需求进行管理，服务企业可以将柔性需求进行细分，并以此来为顾客提供差异化的服务产品、增值服务及服务水准，也可以通过设置不同的服务交易和交付方式，将具有柔性需求的顾客进行"隔离"管理。差异化的产品服务和"隔离"管理可以帮助服务企业提供多层次、更加切合顾客需

①　心理账户最先由 Thaler[1]提出，主要是指人们在心理上有一个关于得失的计量过程，人们会自发地将对自己有价值的事物划分至不同的心理账户中，并对存在于各类心理账户中的事物有着不同的预期和管理方式[2]，心理账户管理的目的是获得心理感受上的最大满足感，而不是经济学中的效用最大化，即情感体验在决策过程中起到了重要的作用。

求的供给，以提高收益。此外，购买服务的顾客有着不同的身份，顾客的身份差异也会或多或少影响顾客需求，因此，服务企业在关注顾客需求类型的同时也要注意识别顾客身份，以更好地管理顾客需求。

3.3　顾　客　隔　离

由 3.2 节可知，满足顾客的柔性需求可以使服务"锦上添花"，从而使企业能在竞争市场中抢占优势地位，获得忠实的客户群体，因此，如何满足顾客的柔性需求成为服务企业应该思考的重要问题。不难知道，顾客个体的差异会导致顾客柔性需求的差异，面对多种多样的柔性需求，服务企业应该提供什么样的服务呢？我们认为，一方面，由于经济成本和管理复杂度的限制，服务企业不可能针对每种需求都提供一种对应的服务；另一方面，顾客的柔性需求是易调整、易被改变的，所以服务企业可以根据顾客特征将其分类，为每一类顾客分别提供差异化的服务。另外，企业在提供同一种服务时，也可以将顾客分类管理，对顾客进行分类有利于对各类别的需求进行更好的管理，为顾客提供更加契合的服务，从而提高服务效率和顾客满意度。

在这里，我们将具有柔性需求的顾客进行分类，并将之称为顾客隔离，即在不同柔性需求类别之间加一道"栅栏"进行分类隔离，让顾客自动进入相应的类别。一般情况下，这道"栅栏"为"价格藩篱"，即通过差异化定价将不同类别的顾客分隔。那么与之俱来的一个问题便是顾客隔离的标准是什么，如何将具有柔性需求的顾客进行隔离管理。

我们知道，顾客的特定行为总是为了满足其特定的需求，顾客行为是其行为心理的外在表现，所以掌握顾客的心理，就可以区分顾客的行为，从而理解顾客的不同柔性需求表现。换句话说，我们可以从顾客的行为心理出发，设置隔离不同柔性需求的"栅栏"。本节我们将先介绍设置顾客隔离的理论依据——顾客行为心理，再介绍顾客隔离的两种分类——实体隔离和非实体隔离。

3.3.1　顾客行为心理

顾客的特定行为总是为了满足其特定的需求，顾客行为是其行为心理的外在表现。根据顾客的不同行为心理，服务企业可以挖掘顾客的潜在需求，实现顾客柔性需求细分。顾客行为心理可以归纳为从众心理、优待心理、安全心理、归属心理、猎奇心理、逆反心理、虚荣心理、爱占便宜心理等八种类型[3]。

1. 从众心理

从众心理指顾客受到外界顾客群体行为的影响，表现出符合于公众舆论或多数顾客的行为方式，也就是俗话所说的"随大流"。从众心理是顾客普遍存在的行为心理。

2. 优待心理

优待心理指顾客期待享有与一般人不一样的特权的行为心理。

3. 安全心理

安全心理指顾客在身体或心理上没有感觉受到危害或损失。

4. 归属心理

归属心理指顾客作为一个独立个体，对其所属群体之间的内在联系进行划定、维系而产生的认同感。

5. 猎奇心理

猎奇心理指顾客期待获得新奇事物或新奇现象的心理状态。

6. 逆反心理

逆反心理指顾客的需要与企业所提供的服务不一致时，顾客产生的强烈的反抗心理，即此时会跟企业"对着干"。

7. 虚荣心理

虚荣心理指顾客为了取得关注、赞美或荣誉而表现出来的心理状态。

8. 爱占便宜心理

爱占便宜心理指即使服务的价格小于等于顾客的保守价格，顾客仍期待更加优惠的一种侥幸心理。

3.3.2　实体隔离

实体隔离是指为不同类型的顾客提供不同的服务，即差异化服务，如图 3.3 所示，实体隔离根据顾客的行为心理，将具有柔性需求的顾客分类，并分别为各个类型的顾客提供不同的服务。

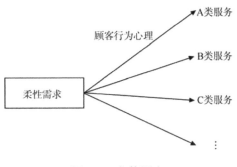

图 3.3　实体隔离

现实中服务企业使用实体隔离的例子有很多。例如，香港的昂坪 360 对不同的缆车也设置了不同的价格，付更多钱的顾客可以乘坐"水晶"缆车，而其他顾客只能乘坐普通缆车；银行的 VIP 客户无须排队就可以获得专业的理财服务等。实施实体隔离的常见方式主要有三类，即基本产品、增值服务和服务质量，下面分别介绍这三种隔离方式。

1. 基本产品

服务企业对顾客实施实体隔离，最简单直接的就是对所提供的产品或服务进行差异化处理，最终目的是为不同类型的顾客提供差异化的服务。例如，酒店将房间分为套房、高级间、标准间等；航空公司将机舱座位分为头等舱、商务舱和经济舱；戏院座位的位置分为中区、东西区、看台区等，这些均是服务产品的差异化处理。服务企业给服务产品分类后，顾客会根据自身的条件和心理偏好选择合适的服务类别，值得一提的是，购买了不同服务产品的顾客一般具有不同的服务优先权，如头等舱的旅客拥有专属的值机柜台，值机时的排队时间短于经济舱旅客。

在基本产品维度，服务企业应该如何设计差异化的服务产品呢？我们认为，服务企业可以利用从众、优待、安全、爱占便宜等顾客行为心理，设置不同的服务产品，以达到将顾客分流、隔离的目的，在隔离之后，就可以对顾客进行分类管理，以满足不同类型顾客的差异化需求，从而提高不同类别顾客的满意度。

在从众心理方面，服务企业可以设计出受众范围广的产品，把握住容易跟风或经常受别人影响的顾客，使更多的顾客愿意选择和购买。例如，电影院将电影票和爆米花打包成套餐出售，大多数顾客都会跟风购买，因为看电影吃爆米花似乎已成为年轻人的一种风尚。服务企业还可以利用顾客的优待心理，设计一些只有少数人或 VIP 顾客才能购买的服务产品来吸引那些愿意为"特权"付出溢价的顾客，如银行为其 VIP 金卡客户提供私人专属高端理财服务等。在安全心理方面，企业可以提供一些有保障的服务产品来吸引缺乏安全感、风险厌恶型的顾客购买，如酒店的套房有更私密的环境，能够给予顾客身心上的安全保障。企业可以利用顾客的爱占便宜心理，将不同档次的服务产品制定不同的价格，出售给不同的消费人群，爱占便宜的顾客会选择价格更为低廉的产品。

基于基本产品的实体隔离一般只适用于顾客能接触到实体服务资源的服务企业，如航空公司和酒店，因为顾客可以在接受服务的时候直观地感受到不同价格下实体服务资源（产品或设施等）的不同，从而让他们心甘情愿地为获得某类产品或服务付出相应的价钱或努力。在基本产品维度，企业可以对服务产品进行创新设计来隔离顾客，主要是提供有区别的同类产品和提供不同质量的相同产品这两种策略。一般而言，提供有区别的同类产品需要企业付出较大的成本，如酒店要为不同的房间购买不同的陈设，这会花费很大的成本；而提供不同质量的相同产品可以以较低的成本提供差异化服务，如面包店对于品相较差（即质量较差）的面包进行打折出售，可以吸引那部分对价格比较敏感而对产品质量要求不高的顾客，并且可以弥补由于质量问题而造成的企业利润损失，这也是利用了顾客爱占便宜的心理来将对金钱敏感的那一部分顾客隔离开来。

2. 增值服务

服务企业在为顾客提供一项完整的服务时，除了基本的产品或服务，一般还配有辅助的服务资源，即增值服务或配套服务，企业可以在这方面对顾客进行分类，即对某项服务的增值服务进行差异化处理，或者为某类顾客提供增值服务而为其他顾客不提供增值服务。例如，机场对购买头等舱的乘客提供休息室、免费餐食、提前登机等服务；酒店对 VIP 顾客提供免费早餐与机场接送服务；高尔夫球场为 VIP 会员免费提供高尔夫球车等。服务企业在服务过程中提供的一系列增值服务可以大大地提升顾客满意度。

类似地，在增值服务方面，服务企业可以利用优待、安全和爱占便宜等顾客行为心理来设计差异化的服务产品，从而将顾客进行分流、隔离。隔离的手段与基本产品维度一致。例如，铁路公司提供的人身保险和航空公司提供的飞机延误险，可以吸引安全心理强的顾客来购买这类增值服务；酒店标准间不配备早餐，而只要升级一个档次的房型（如高级间），顾客就能够获得免费的早餐，那么爱占便宜的顾客往往会因此选择更高级的房型。

在实际应用中，一些普通顾客可能会有"搭便车"的行为，混入 VIP 顾客中享受企业提供的增值服务，因此，服务企业需要将不同类型的顾客在区域上隔离开来，使他们不能够随意进入其他顾客的服务区域。例如，航空公司在机场设立专门的休息室，购买了头等舱和商务舱的乘客可以进入，一般每位头等舱或商务舱的乘客只可以带一名经济舱的同行人员进入休息室，这样就有效避免了过多顾客"搭便车"而导致企业的服务质量和经济效益降低的现象。

3. 服务质量

除了前文提到的基本产品和增值服务外，企业的服务质量也会在很大程度上影响顾客的选择，不同的顾客会根据自己的偏好选择不同质量的服务，因此，服务企业可以通过对顾客提供不同质量的服务来对顾客进行分类隔离。例如，银行优先处理 VIP 顾客的业务；酒店为 VIP 顾客提供独立的入住登记柜台；航空公司提高头等舱和商务舱的行李携带重量限制等。

那么，在服务质量维度，服务企业应该如何设计差异化的服务产品，从而将顾客隔离，提高不同类别的顾客满意度呢？我们认为，服务企业可以从优待、安全、猎奇、虚荣等顾客行为心理入手。在讨论隔离的具体手段前，我们首先引入 SERVQUAL 模型来衡量服务质量。SERVQUAL 是英文"service quality"（服务质量）的缩写，该词最早由美国市场营销学家帕拉休拉曼（A. Parasuraman）于 1988 年提出的，他将服务质量分为五个层面——有形性、可靠性、响应性、保证性、移情性，每一层面又被细分为若干个因素（共 22 个）[4]。有形性包括实际设施、设备及服务人员等因素；可靠性是指企业是否有准确履行服务承诺的能力，即公司是否能及时完成向顾客承诺的事情；响应性是指企业能否告诉顾客提供服务的准确时间、是否能提供及时的服务等；保证性是指员工所具有的专业知识、礼节等能力，这些能力在交易过程中能让顾客感到放心；移情性是指企业关心并为顾客提供个性服务的能力。

在优待心理方面，服务企业可以通过对不同类型的顾客提供不同的响应速度来将顾客进行隔离，如 T3 出行对专车乘客的响应速度要比快车乘客的响应速度更快，从而把高价值顾客和低价值顾客分流。在安全心理方面，企业可以在可靠性和保证性上设计差异化的服务，对缺乏安全感、风险厌恶型的顾客提供更高质量的服务并收取更高的费用，如航空公司可以用不同准点率的航班来将顾客隔离，对准点率更高的航班制定更高的价格。在猎奇心理方面，企业可以在服务质量的有形性上做区分来满足好奇心强的顾客，通过配备一些新奇的、主题性的服务设施或者装扮，提升顾客的沉浸式服务体验，如一些主题餐厅和主题列车会吸引到许多猎奇的年轻人。此外，有一些顾客虚荣心高，企业可以在移情性上多下功夫，如航空公司在服务态度方面对顾客进行了区分，空姐对头等舱的乘客"有求必应"，服务态度比对经济舱的顾客要好。

基于服务质量的实体隔离一般适用于以服务态度、响应速度等为主要竞争力的软服务行业，如餐饮、旅馆等，因为在这些行业，服务质量的高低会直接影响顾客的满意度。值得注意的是，若这种服务质量的区别被普通顾客发现，他们可能会抱怨不公平，因此，企业还是需要进一步将不同的顾客类型进行区域隔离，使他们看不到自己和其他顾客所接受的服务的差异，这就自然地解决了公平性问题。例如，当银行为 VIP 顾客优先提供服务时（即更快响应 VIP 顾客的需求），如果 VIP 顾客可以直接加入非 VIP 顾客的前面，非 VIP 顾客会抱怨不公平，此时，银行可以专门设置一个 VIP 室，把 VIP 顾客和非 VIP 顾客在区域上进行隔离，减少非 VIP 顾客的不公平感。

3.3.3　非实体隔离

与提供差异化服务的实体隔离不同，非实体隔离是指企业在提供相同服务的情况下，依据交易特征、交付特征及购买者特征向顾客提供不同的"优惠"来将顾客分类隔离管理，如图 3.4 所示，顾客接受的服务虽是相同的，但是其得到服务的途径可以是不一样的，如某航班的机票可以在不同渠道、不同时间购买，虽然是同一航班同一舱位，但旅客购买机票的价格可能会有很大的差距，即同种服务具有不同的"优惠"。因此，我们将非实体隔离定义为企业根据顾客的行为心理，为每种类型的顾客在提供相同的服务基础上提供不同的"服务优惠"，从而将具有柔性需求的顾客进行分类的一种方式，即通过非实体隔离，各类型顾客接受的服务是一致的，但是其到达服务的途径不同。接下来我们将详细介绍基于交易特征、交付特征、购买者特征实施非实体隔离的一些方式。

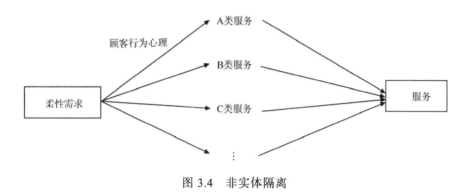

图 3.4　非实体隔离

1. 交易特征

由 3.1 节可知，服务企业为顾客提供服务前，主要是顾客购买服务的过程，称为服务的交易过程，而交易特征就是对交易过程的描述。服务的交易过程主要有 4 个交易特征，分别是交易时间、交易地点、交易渠道、交易弹性。接下来，我们将从这 4 个交易特征来介绍服务企业可以如何根据顾客的行为心理设置基于交易特征的非实体隔离。

1）交易时间

交易时间是指顾客购买服务的时间，如乘客乘机前需要提前购买机票，交易时间就是指乘客成功购买机票的时间。交易时间有两个基本特性：顺序性和易逝性。顺序性是指时间不能倒流，基于交易时间的顺序性，服务企业可以从顾客的优待心理和安全心理出发，设置"先交易先服务"的规则，为顾客提供预约服务，将具有柔性需求的顾客隔离管理。具体来说，预约服务能有效减少顾客的等待时间，为顾客提供更专业的服务以满足顾客的优待心理；同时，预约可以将不确定需求转化为确定需求，顾客可以明确地知道自己接受服务的时间段和服务类型，从而可以满足顾客的安全心理。另外，交易时间还具有易逝性，时间是不断流逝且难以储存的，错过便不能再次获得。基于交易时间的易逝性，服务企业可以从顾客的虚荣心理出发，设置极端交易时间和限时购买的限制条件，以控制服务产品的交易数量，增加购买服务产品的难度。一般来说，这种隔离方式适用于限量产品或服务，由于此类服务或产品的购买条件较苛刻，被获取的概率较低，所以具有虚荣心理的顾客会努力获取此类服务或产品，以此引起其他人的关注，满足他们的虚荣心理，从而达到隔离的效果。

2）交易地点

交易地点是指顾客购买服务的地点，如某顾客在美国预订了中国国内的酒店，此时的交易地点就是美国。交易地点具有可追溯性，在顾客进行交易时，企业可以通过定位和 IP 追溯到顾客的交易地点。服务企业可以通过交易地点的不同来将顾客隔离，为每种类型的顾客提供不同的"服务优惠"，如某企业服务的交易地点有 A、B 两地，顾客在 A 地交易的价格要远低于在 B 地交易的价格。

现如今，国内的服务价格一般不会与交易地点相关，而跨国服务与之相反，由于企业战略、汇率等因素的影响，可以跨国交易的服务可能会在不同的国家收取不同的价格，这也是基于交易地点的非实体隔离最常见的应用场景。

在这种情况下，服务企业可以从顾客的爱占便宜心理出发，在不同国家设置合理的价格差异，如航空公司的机票，同一航线在不同国家购买会是不同价格，爱占便宜的顾客会选择价格优惠的交易地点；另外，有些可跨国预订的酒店在不同的交易地点也会显示不同的价格，爱占便宜心理的顾客在预订酒店时就会考虑到价格差异，会选择在价格更优惠的国家预订酒店，酒店以此来对顾客进行隔离。一般来说，顾客会倾向于在自己熟悉的地方进行交易，因此服务企业还可以从顾客的安全心理出发，设置让顾客感到安心的交易地点，如中国的某个酒店发现自己的顾客大部分来自日本，所以该酒店可以开通日本本地的交易渠道，让日本的顾客在本国就能预订酒店。值得一提的是，有些商品在特定的地点才能购买也属于基于交易地点的隔离，如有些限量出售的手办在发售时会自动识别顾客 IP 地址，仅限香港、澳门等几个地区购买。

3）交易渠道

交易渠道是指顾客购买服务的渠道，如机票的购买渠道有飞猪、携程、去哪儿旅行 App 及航空公司官网等。对同一种服务，服务企业根据顾客的行为心理，可以设置多种多样的交易渠道来将顾客隔离。具体来说，针对顾客的安全心理，企业可以推行自己的官方交易渠道，如企业官网或自营 App；针对顾客的猎奇心理，服务企业可以开设具有特色的新渠道，如在马蜂窝、穷游上开设酒店预订渠道，具有猎奇心理的顾客会探索尝试新的交易渠道；针对顾客的爱占便宜心理，企业可以设置具有不同优惠力度的交易渠道，如美团、口碑等交易渠道，爱占便宜心理的顾客会选择更优惠的交易渠道，尽管这些渠道可能设有团购或者其他的购买限制条件。

事实上，每个交易渠道都需要一定的管理成本和运营成本，同时采用多种交易渠道可能会产生高额的成本。此时，企业在开辟新的交易渠道时，需要衡量新渠道带来的收益和成本的关系，更多去关注一些具有强大推广力的且成本较低的新兴交易渠道。例如，5G 推动了直播交易渠道的发展，及时把握到了直播交易渠道的企业将以较低的成本获得更多的流量，从而提升收益。

4）交易弹性

交易弹性是指交易中所购买的服务产品的使用弹性，交易弹性可根据服务的弹性程度分为完全无弹性、部分弹性、完全弹性。例如，正价机票起飞前可以随时退改，就属于完全弹性；折扣机票在规定时间内可以退改，就属于部分弹性；特价机票购买后不予退改，就属于完全无弹性。

同理，对同一种服务，服务企业可以根据顾客行为心理，通过设置不同的服务交易弹性来将顾客隔离。一方面，针对顾客的安全心理，企业可以设置高价的完全弹性的服务产品来对这些顾客进行隔离，如商务人士由于行程容易变动，基于安全心理，就会选择价格略高的完全弹性的正价机票；另一方面，针对顾客的爱占便宜心理，服务企业可以推出具有折扣的部分弹性的或者完全无弹性的产品来对顾客进行隔离，爱占便宜心理的顾客就会考虑到折扣的优惠，从而购买这些部分弹性或完全无弹性的服务产品，如酒店推出的需要在规定时间才能取消的特价房间，以及航空公司推出的不予退改的特价机票。

实际上，在基于交易弹性进行隔离时，由于限制交易弹性的相关条款容易被顾客忽略，从而引起顾客投诉。企业有必要在顾客交易前提醒顾客注意附加条款，以避免不必要的麻烦。

2. 交付特征

与交易特征关注服务前顾客与企业的交易过程不同，交付特征关注的是服务的交付过程，即顾客享受服务的过程，服务的交付过程主要有交付时间点和交付地点两个特征。接下来，我们将从这两个特征来介绍服务企业是如何根据顾客的行为心理设置基于交付特征的非实体隔离。

1）交付时间点

交付时间点是指服务交付的时间点，即顾客接受服务的实际时间点，如餐馆在傍晚七点为 1 号桌的顾客上菜，七点即为该服务的交付时间点。不同的交付时间点由于环境变化、顾客的普遍作息时间、时间安排等，存在一些可供企业识别的固有特点，企业可以利用顾客对这些特点的某些心理来将顾客进行区分，达到顾客隔离的效果。例如，在传统节假日中，以从众心理为主导的顾客往往会在此时选择旅游、航班、酒店等服务，这些相关企业就可以依据节假日来区分淡旺季，以实施顾客隔离。对于犯罪发生概率较高的时间段和后续服务交付概率较低的时间点，如顾客搭乘深夜到达的航班，面临找不到酒店、遭遇抢劫等问题，以安全心理为主导的顾客将不会在此时选择出行等服务，企业就可以根据相关服务和交付的概率来划分交付时间点，然后进行顾客隔离。

除了以上列举的利用淡旺季、相关服务交付概率等固有特点来进行顾客隔离外，企业还可以积极思考其他的特点，如交付时间点天气、顾客工作安排等，针对顾客的不同主导心理采取更合适的顾客隔离策略。

2）交付地点

交付地点，即服务交付的地点，如患者前往医院门诊看病，交付地点就是医院门诊。不同的交付地点由于人文、地理上的差异，存在着一些固有特点，如人流量大小、偏僻程度、文化差异、是否是特殊的或标志性的地点等。顾客出于某种心理主导，会看重其中某一项特点，企业通过这些顾客行为心理采取措施将顾客进行区分，以达到顾客隔离的效果。对于人流量较大的交付地点，附近同类门店聚集，以从众心理为主导的顾客会在这些地方选择接受服务，而从众心理较弱的顾客不一定会考虑，进而企业可以采取区分冷热门地点的手段来隔离顾客。对于较为偏僻或者正在受极端天气等灾害影响的交付地点，以安全心理为主导的顾客将不会选择这些地点，进而企业可以通过区分地点的偏僻程度，或者区分到达交付地点的难易程度对顾客进行隔离。对于跨区域企业，会有一些存在文化差异的交付地点，以归属心理为主导的顾客将会不愿意前往跨区域的交付地点，而归属心理较弱的就不会有这种顾虑，从而企业可以基于文化差异区分交付地点，隔离这两类顾客。对于特殊的或标志性的地点，顾客没有机会常来，以猎奇心理为主导的顾客会选择这些地点，而猎奇心理较弱的顾客不会考虑这些地点，企业就可以通过区分地点的特殊性与标志性来对顾客进行隔离。

在实际中，有很多利用交付地点来进行顾客隔离的案例。例如，Priceline是一个酒店预订网站，它以低价提供星级酒店服务而闻名。在该网站上预订的酒店有这样一个特征：顾客仅能在网站上选择酒店的区域和星级（如广州市天河区的四星级酒店），而不能指定某一个位置的酒店或指定某一家酒店，只有在确定订单并付款后才能知道具体是哪家酒店。Priceline 事实上创造了一种交付地点信息未知的顾客隔离模式，对于不太看重确定的交付地点信息带来的安全感的顾客来说，低价的酒店无疑是一个很好的选择，而对于看重确定的交付地点信息带来的安全感的顾客就不会选择这项服务，这样就能很好地将顾客隔离开来。

3. 购买者特征

购买者特征不同，表现出的购买行为也不同。服务企业可以基于购买者特征设置非实体隔离，如购买者的消费频率、购买者的消费量、顾客人数多寡等。在此需要强调说明的是，与海底捞根据到达顾客的人数多寡设置大中小桌不同，此时顾客的需求是给定的、刚性且无法隔离的，企业只需提供相应服务以满足其刚性需要。本书主要针对顾客的柔性需求进行讨论，如顾客A 会因为酒店自助餐的团购价格更加便宜而号召朋友结伴同行，此时在顾客A 就餐的刚性需求上，结伴同行就是其柔性需求。由于柔性需求的易被改变性，拥有柔性需求的顾客需要进行基于顾客人数多寡的非实体隔离，使其"乖乖地待在相应的柔性需求类别"。接下来，我们将从消费频率与消费量、顾客人数多寡、购买者身份三个方面介绍服务企业是如何根据顾客的行为心理设置基于购买者特征的非实体隔离。

1）消费频率与消费量

消费频率是指在一定时间内企业向顾客提供服务的次数，高消费频率的顾客也就是我们所说的经常光临的常客、忠诚度高的顾客，如一周至少到店五次的食客、每天都出现在全家便利店的消费者等。消费量是指在一定时间内顾客消费的商品或服务的数量，如一次超市购物中购买的商品数目。

除了顾客刚性需求对应的消费频率和消费量外，服务企业可以利用顾客爱占便宜的心理，对越高的消费频率（或消费量）给予越高的优惠，将对价格敏感、爱占便宜的顾客和对价格不敏感的顾客分离开来。例如，拉面店、奶茶店给顾客集章卡，每购买一碗拉面或者一杯奶茶盖章一枚，集满一张卡可以换购相应商品，有着爱占便宜心理的顾客会偏好集满换取奖励，从而使企业达到增加销量的目的。

基于消费频率与消费量的非实体隔离适用于许多场景，一般的操作方式为积分制。达到一定积分意味着顾客消费频率或消费量达到一定水平，可以据此将顾客分隔开来。

2）顾客人数多寡

与上文所提到的计量顾客消费商品数目多少的消费量不同，顾客人数多寡指的是顾客人数的多少。服务企业可以根据顾客的爱占便宜心理，顾客人数越多给予越高的优惠，将对价格敏感、爱占便宜的顾客和对价格不敏感的顾客分离开来。例如，旅行社应用顾客的爱占便宜心理打出"三人报团享九折、五人报团打八折"的诱人宣传标语，对于一位计划出行的爱占便宜的游客，他会选择联系身边好友，争取能组队报团享受最高优惠。

在实际生活中，基于顾客人数多寡的非实体隔离适用于服务容量较大的服务企业。通常，企业会划定两个或两个以上的顾客人数区间，据此将不同类别的顾客分隔开来。对价格敏感、爱占便宜的顾客趋向人数更多、优惠更多的区间，自然而然就能依据顾客人数多寡将顾客分隔开来。随着新的社交媒体技术的迅猛发展，顾客成团服务的难度大大降低，各大服务平台纷纷推出拼团服务模式，如出行服务、教培服务、旅游服务等。这一模式已然成为当前服务模式创新的一股新势力。

3）购买者身份

购买者身份是指在特定场景下的购买者所拥有的属性或角色。需要注意的是，此处的购买者身份与学生、年长者在购买景区门票时可以享受半价购票或免票等折扣优惠不同。学生顾客、老年顾客是购买者自带的社会属性，企业依据社会公序良俗提供对应服务。此处讨论的是企业可以施加在顾客身上的身份，最常见的就是门店会员。

服务企业可以利用顾客的优待心理给予顾客特别的购买者身份，据此将渴望优待的顾客与对优待不感兴趣的顾客分隔开来。例如，餐厅设置会员制度，渴望受到优待的顾客可以付费办理成为会员，并不在意 VIP 服务的顾客可以不办理。值得注意的是，依据购买者身份进行非实体隔离需要把控好购买者身份识别这一重要关卡，服务企业要把握好对购买者的身份识别，以免被心怀不轨之徒"薅羊毛"，更甚者，造成服务排队系统秩序紊乱。

综上，我们从实体隔离和非实体隔离两大方面介绍了顾客隔离的内容，顾客隔离就是基于顾客的行为心理，将顾客的柔性需求进行"隔断"，以达到更好地管理和实现顾客需求，从而达到提高服务企业竞争力的目的。本章除了向各位读者介绍当前已有的基于某种顾客行为心理设置的隔离手段外，也旨在向读者阐明顾客隔离的理论框架（表 3.3）。服务企业可以依据该框架，结合企业的当前实际情况，从本章提及的顾客行为心理角度，设置出创新的、有企业特色的隔离手段，更好地满足顾客的柔性需求，建立忠实的顾客群体，在竞争市场中独占鳌头。

表 3.3　顾客隔离的理论框架

顾客隔离手段		顾客行为心理							
		从众	优待	安全	归属	猎奇	逆反	虚荣	爱占便宜
实体隔离	基本产品	√	√	√					√
	增值服务		√	√					√
	服务质量		√	√		√		√	
非实体隔离	交易特征 交易时间		√	√					
	交易地点								√
	交易渠道			√		√			
	交易弹性			√					√
	交付特征 交付时间点	√		√					
	交付地点	√		√	√	√			
	购买者特征 消费频率与消费量								√
	顾客人数多寡								√
	购买者身份		√						

注："√"表示可以基于该顾客行为心理来设置隔离手段

参 考 文 献

[1] Thaler R. Toward a positive theory of consumer choice[J]. Journal of Economic Behavior and Organization, 1980, 1（1）: 39-60.

[2] 李爱梅, 曾小保. 心理账户的概念及其本质特征[J]. 生产力研究, 2004,（9）: 18-19, 41.

[3] 武永梅. 顾客行为心理学[M]. 苏州: 古吴轩出版社, 2016.

[4] Parasuraman A, Zeithaml V A, Berry L L. SERVQUAL: a multiple-item scale for measuring consumer perceptions of service quality[J]. Journal of Retailing, 1988,64（1）: 12-40.

第4章 服务排队规则的创新

在第3章中，我们了解和识别顾客需求特征的重要性，以及如何对服务排队系统中的顾客需求进行管理从而提高企业的运营效率，实现企业利益最大化和长远发展。然而，单单从需求角度入手对服务排队系统进行管理是远远不够的，我们知道，服务排队规则是服务排队系统中的重要组成部分之一。因此，服务企业还可以从服务排队规则方面入手，设计或选择更加适合企业的服务排队规则。传统的服务排队规则，如 FCFS、后到先服务（last come first served，LCFS）等，是社会中人们默认的、公平的排队规则，而在现代服务活动中，大数据、物联网、共享服务器的应用使得排队的方式逐渐趋于多样化，服务企业也开始关注能够使得服务效率和企业盈利更高的服务排队规则。本章将以实际的案例说明这些规则的具体操作和创新应用条件，从而给服务企业一些启示。

4.1 与维持公平性相关的服务排队规则

企业在安排到达顾客的服务顺序时，依照公平性原则设立服务排队规则是较为常见的，绝大多数顾客也同意这样的服务排队规则。这样的服务排队规则主要有 FCFS 规则、LCFS 规则、紧急优先规则等，下面将逐一介绍。

4.1.1 FCFS 和 LCFS 规则

FCFS 规则指按先后到达顺序来为顾客提供服务，即先到服务排队系统的顾客先接受服务，该规则是日常生活中最常见的服务排队规则，一般来说，顾客到达服务排队系统之后，若需要排队等待，顾客会自动加入排队队伍的队尾，该规则始终为处于队伍首位的顾客先提供服务。我们的日常生活中遇到的排队现象大部分都遵循 FCFS 规则,如火车站售票窗口排队买票、超市排队结账、餐厅排队等待用餐。在这些排队场景中,服务顺序总有先后,人们会约定俗成地按照 FCFS 规则排队。

LCFS 规则与 FCFS 规则相反,这种服务排队规则始终为处于队伍末位的顾客优先提供服务,当然,在无须排队等候时,顾客只要到达就能立刻接受服务。该规则在实际的生活场景中不太常见,但 Su 和 Zenios 提到了在肾脏移植手术的肾源分配过程中可以使用 LCFS 规则[1]。需要肾脏移植的患者一般会在肾源分配系统中按登记时间先后排成队列,一般情况下,当医院获得一颗健康的肾脏后,如果采用 FCFS 规则,肾脏就会先给到排在队首的患者,即等待时间最长的患者,如果该患者与肾源不匹配或者不接受移植,则肾源转移给排在他后面的患者,如果这颗肾脏最终没有患者匹配或者愿意接受,则肾源被放弃。FCFS 规则看似很公平,但他们发现在这种情况下,采用 LCFS 规则会比采用 FCFS 规则下的肾源利用率高,因为一方面处于队末的患者由于病程较短,较好的身体状况可以提高肾脏移植的成功率,另一方面如果采用 FCFS 规则,队末的患者是产生肾源需求不久的患者,对于死亡的恐惧远不如患病已久的患者,如果其前面的患者不匹配或者不接受移植,那么处于队末的患者不接受移植的概率可能更大,从而容易造成肾源的浪费。

> 贴士:企业为了保证便捷性和顾客之间的公平,通常会采用 FCFS 规则。它最大的特征在于公平性,即顾客的服务顺序与其到达顺序正相关。采用 FCFS 的服务排队规则,虽保证了顾客之间的公平性,但其整体效率较低,由于 FCFS 的性质,每个顾客的到来都会给后面进入系统的顾客带来负的经济外部性,也就是说,先到达的顾客会增加后到达顾客的等待时间,因此会使整体的排队效率降低。而 LCFS 规则的服务顺序与顾客的到达时间呈负相关关系,在该规则下,先到的顾客不会给后到的顾客带来负的经济外部性,反而后到达的顾客会增加先到达顾客的等待时间。在这一排队规制下能有效抑制服务系统的过度拥塞,达到社会福利最优,因此,在公共服务领域较为合适。但 LCFS 规则不具备排队的公平性,较少应用于现实生活场景中。

4.1.2 紧急优先规则

紧急优先规则,是指按顾客的紧急程度高低提供服务的优先顺序规则。

这种紧急程度表现为顾客对自由、生命、荣誉等的基本诉求，可以量化为顾客的等待成本。例如，遭遇严重车祸的伤员，等待可能会付出生命的代价，需要医院优先救治。

紧急优先规制是符合社会行为规范的，但如果企业对紧急状况无节制地投入服务资源，常常会使企业支出成本过高，需要企业平衡服务顾客与支出之间的关系。

因此，企业往往会通过开设热线、开辟绿色通道、配备专用的服务资源等方式，快速识别并服务紧急程度高的顾客。例如，看病就医需要在医院排长队挂号，但对于一些紧急患者和紧急事件，医院开设了急诊科室，可直接转至急诊科室就医。另外，在高速公路上也设立了应急车道，在紧急的情况下，车辆可以在应急车道上行驶或者停车，而在非紧急情况时走应急车道，罚款 200 元并扣除 6 分。在很多场所我们都能看到一些绿色通道以针对一些紧急情况提供服务。

> 贴士：该规则适合需要服务紧急状况顾客的企业。这要求企业尽量减少或避免紧急程度高的顾客可能出现的损失，因为这些紧急程度高的顾客可能为企业带来巨额损失。

4.1.3　随机服务规则

随机服务规则是指从等待队列里以一定的概率抽取顾客进行服务，即排队队列中的每个顾客都有相同的概率接受服务，服务顺序是随机的，与顾客的到达顺序无关。

随机服务规则消除了到达顺序与服务顺序之间的关系，在服务资源稀缺时，可以抑制顾客的非理性行为，减少顾客付出的额外成本。例如，苹果公司在发布新款手机之后，新产品发布初期的供给量远小于需求量，顾客如果想要购得新产品，在激烈的竞争下，需要比以往付出更高的时间和人力成本来抢夺新产品的购买权，因此会造成大量顾客在门店排队抢购的现象出现。这其实是顾客间的一种"内卷"行为，他们竞相提前排队以争夺有限的资源，从而导致了个体排队等待时间变长，"收益努力比"下降。有众多的顾客排了很久的队，但仍未买到手机，顾客此时的行为是不理性的，他们花费了大量的等待时间，却仍未获得想要的产品，这也会降低顾客对品牌的忠诚度。这一现象其实就是经济学中"租值耗散"现象：FCFS 的排队规则导致大家等待更长的时间却得到固定数量服务，多出的等待成本被"耗散"掉了，没有带来任何收益。若采用随机服务规则，则可以避免顾客恶意或非理性竞争排队顺序，因为服务顺序是随机的，和到达的先后顺序无关，会降低顾客额外的排队等待时间。从而提升了整个系统的排队效率。当然，现实生活中的随机服务规则大多用于线上预约的情况，顾客在网上预约了某项服务之后，服务企业再从预约队列中以一定的概率抽取顾客进行服务，如深圳市卫生健康委员会的九价 HPV 疫苗的摇号制度，每期由深圳市卫生健康委员会从预约队列中抽取一定数量的顾客接种九价 HPV 疫苗，未中签的顾客可以选择加入下一期的摇号队列，继续等待摇号。

实际中，企业往往面临的是目标顾客数量不固定，但又需要分配稀缺服务资源的情况，这为随机服务规则的实现造成一定的难度。同时，实行随机服务规则的企业，也会面临一部分顾客等待时间过长的问题，如驾驶员考试实行摇号分配名额，有些学员可能需要等待两个月甚至更长的时间才能报名成功。另外，企业在随机分配服务资源时，也容易出现分配不当的情况，导致服务资源浪费，如将紧缺的学位资源随机分配给了即将从该地搬出的家庭。

为了解决上述问题，企业可以在实施随机服务规则前，通过提交报名表、上门走访等方式对需要服务的顾客数量进行登记，在汇总的登记名单中，通过摇号、抽签、抓阄等方式应用该规则。随着互联网在各行各业的普及，运用电子办事系统实现随机服务的企业也在增加，如广州市近年来就推出了车牌摇号网上申请，需要申领牌照的车主仅需在网上填写资格申请，通过后即可参加车牌摇号，摇号结果可以通过微信快捷查询，这里的摇号就是典型的随机服务规则。另外，企业采取随机服务规则时，并不一定需要使得每个顾客被抽中服务的概率完全相等。对于等待时间过长的顾客及迫切需要服务的顾客，可以适当提高他们接受服务的概率。例如，广州市的车牌摇号规则中通过阶梯摇号方式配置个人中小客车增量指标，每累计参加 24 次摇号增加 1 个摇号基数序号，即递进 1 个阶梯，中签率提升 1 倍，即针对"久摇不中"者系统会增加其中签率。

贴士：随机服务规则主要适用于供需失衡、供小于求的场景，如常被用于学位申请、车牌申请等公共服务场景中，但随机服务规则在应用时需要明确需要服务的顾客，为顾客设置合理的概率，确保服务资源被充分利用，这需要企业具备良好的数据收集及处理能力，以及顾客识别能力。

4.2　与企业效率相关的服务排队规则

由于与维持公平性相关的服务排队规则主要是从社会规范的视角出发制定的，从企业的角度来看，这些规则往往不是最有利于提高企业运营效率的规则。除了与维持公平性相关的服务排队规则外，还有一些有利于提高企业效率的服务排队规则，如最短服务时间规则、$c\mu$ 规则（$c\mu$-rule）等，下面将逐一介绍。

4.2.1　最短服务时间规则

企业在提供多样服务时，不同的顾客会拥有不同的需求，从而具有不同的服务时间。采用 FCFS 规则时，如果一个顾客的服务时间过长，后续顾客都要对应付出较长的等待时间。例如，有三名顾客同时到达，顾客 1、顾客 2 和顾客 3 所需的服务时间分别为 50 分钟、1 分钟和 5 分钟，如果按照顾客 1、顾客 2、顾客 3 的顺序服务他们，那么顾客 2 的等待时间为 50 分钟，顾客 3 的等待时间为 51 分钟，因此，系统里所有顾客的总等待时间为 50+51=101 分钟，此时显然服务排队系统的服务效率较低，由于后续的顾客等待时间过长容易造成顾客流失。对于上述例子，如果考虑服务时间最短的顾客优先服务，即先服务顾客 2，再服务顾客 3，最后服务顾客 1，那么，顾客 3 的等待时间为 1 分钟，顾客 1 的等待时间为 6 分钟，系统里所有顾客的总等待时间仅为 7 分钟，此时服务排队系统的服务效率得到了显著的提高。这种服务排队规则就是最短服务时间（shortest processing time，SPT）优先规则，即系统里服务时间最短的顾客优先接受服务，一般来说，使用该规则的企业会根据顾客的服务需求，估计顾客可能需要的服务时间，并将服务时间由短到长进行排序，再根据该顺序给顾客提供服务。

在最短服务时间规则中，服务时间短的顾客等待时间也短，因此该规则比 FCFS 规则更有效率，但它要求企业在提供服务前，要对顾客特征进行识别，且需要提前知道顾客的服务需求，所以这种规则在实际生活中较难实施。近年来，企业为解决该问题，通常会在提供服务前让顾客在公众号、小程序等界面中选择服务需求种类，从而通过不同顾客的服务需求对应的服务时长来合理安排服务顺序。

此外，最短服务时间规则要求顾客有着差异化的服务时间，即企业要为顾客提供差异化的服务，所以在只提供单一服务的企业，每个顾客的服务时间如果差异不大时，这种规则将不适用，如快餐店只为顾客提供快餐，到店的顾客也只有就餐的服务需求，顾客之间的服务时间是相差无几的，此时使用最短服务时间规则，会增加服务排队流程的复杂度，从而降低服务效率，同时也会使顾客产生不公平的抱怨情绪。

在实际应用中，企业通常可以设置单独的队列，专门为服务时间短的顾客提供服务，而其他队列依旧采用最常用的 FCFS 规则。例如，超市中常设置快速通道，为购买商品件数少、体积小的顾客提供专门服务，因为这类顾客购买的商品方便清点与移动，平均结账速度较快，减少了这些顾客长时间等待的情况。

> 贴士：最短服务时间规则主要应用于企业为顾客提供差异化的服务且这些服务的服务时间存在较大差异的场景。企业在应用最短服务时间规则时，关键是了解顾客的服务需求，以及明确不同类型服务的服务时间，引导所需服务时间短的顾客快速得到服务。

4.2.2　$c\mu$ 规则

企业在面对多类型顾客，并提供多类型服务时，制定排队规则仅考虑顾客服务时间这一特征可能还不足够，因为顾客的等待成本不仅和等待时间长短有关，还与其每单位等待时间付出的成本密切相关。基于此，另一种基于最短服务时间规则的拓展排队规则——$c\mu$ 规则得以提出和应用[2]。

$c\mu$ 规则中的 c 表示顾客每单位等待时间付出的成本，这与顾客特征有关；μ 则表示企业服务该顾客的效率，与顾客服务时间有关。$c\mu$ 规则就是指企业将 c 与 μ 的乘积作为优先级，从大到小进行排列，服务时从值最大的顾客开始。

$c\mu$ 规则通常被应用于一些注重效率的场合。在应用时，企业需要根据顾客期望的服务内容及顾客个人信息，开发一个配套算法估算各顾客的 $c\mu$ 值，从而安排顾客的服务顺序。其优点在于同时考虑了顾客服务时间和等待成本，优化目标是使顾客和企业的利益总和最大化，有效优化了最短服务时间规则。

在实际中，要准确计算顾客的 $c\mu$ 实值是不切实际的，企业往往会采用更便捷的方式对顾客进行区分。例如，一些可供定制菜单的高档餐厅可能会事先询问顾客对交付时间的意愿，以此判断并折算顾客的等待成本（c），再根据顾客定制菜单的复杂度，得出服务效率（μ）。这样做的好处是，企业能清晰地制定材料购买和处理的顺序，满足更多顾客对于服务时间及服务质量的双重要求。

> 贴士：企业运用 $c\mu$ 规则时，需要平衡采集顾客需求信息的成本与企业服务效率之间的关系，在实际过程中简化运算量，构建高效的服务排队系统。

4.3　与企业盈利相关的服务排队规则

企业除了要关注公平性和服务效率，更多地会注重提高企业的盈利，采取与企业盈利相关的服务排队规则，目的就是用更少的成本为更有价值的顾客提供服务，从而提高企业的利润，实现企业的长远发展。与企业盈利相关的服务排队规则有优先权规则、预约服务规则、服务器共享规则、轮询排队规则、批服务规则、重试排队规则等。

4.3.1　优先权规则

优先权规则是指在提供服务时，服务提供者为目标顾客设置一定的服务优先权，然后按照优先权级别从高到低的顺序为顾客提供服务，优先权级别高的顾客将会先得到服务。企业通常根据顾客特征来赋予不同特征的顾客不同的优先权，如最常见的是根据顾客能为企业带来的收益划分优先权。使用优先权规则易引起公平性问题，因此，设置服务优先权的难点在于顾客的识别和隔离，服务企业需要对优先权顾客和非优先权顾客进行隔离，从而解决公平性问题。例如，我们在 3.3 节提到过的，航空公司一般会为不同优先级的顾客设置不同的通道（飞机的商务舱和头等舱），以此对顾客进行一个区域隔离。

实践中优先权的设置一般分为 VIP 优先权规则、优先权拍卖规则和相对优先权规则三种。下面我们详细介绍这三种排队规则。

1. VIP 优先权规则

服务企业通常会为特定的顾客设立服务优先权，使他们能在其他顾客之前得到服务，这类特定的客户在实际中被称为 VIP 客户。例如，环球影城为游客提供一种快速票，购买了这种快速票的游客在排队时可以排在队首，即排在购买了普通票的游客前面,但若有多个购买了快速票的游客一起排队时，他们之间还是实行 FCFS 规则。

VIP 优先权本质上是企业对顾客进行了分类。有些顾客的时间成本比较高，所以他们会花更多的钱来提前获得服务，即购买 VIP 资格来节省排队等待时间；而对于一些普通大众来说，他们的时间成本相对较低，往往不愿意花费额外的钱而宁愿多花费一些等待时间。因此，VIP 优先权可以帮助企业将资源用在更"有价值"的顾客身上。但是，这也会导致一个问题：普通顾客抱怨不公平。例如，香港昂坪 360 设置了 VIP 优先的水晶车厢，相对于购买普通车厢的游客，购买 VIP 水晶车厢的游客能够比购买普通车厢的游客更快获得服务，因为他们花了更多价钱，然而，这也可能导致普通游客经常因为等待时间过长而产生抱怨。因此，在实际中，有些企业不敢直接优先服务VIP 顾客，而是通过区域隔离（即使用不同的服务通道）来隐藏优先权。香港昂坪 360 就把水晶缆车和普通缆车的乘坐分成两条不同的队列。银行也采用VIP 专属理财通道来作为区域隔离。但区域隔离的方法会在一定程度上损耗服务资源，降低服务效率，导致 VIP 柜台的闲置而普通顾客在排队等待的情形。

在实际应用中，服务企业一般通过价格来区分 VIP 客户和非 VIP 客户，即对 VIP 客户收取更多的费用。在设立了 VIP 优先权的服务排队系统中，价格发挥着双重作用：服务资源的分配和优先权的确定。Mendelson 和 Whang发现当顾客的服务需求不是同质（即不同顾客的服务时间不一样）的时候，应对服务时间长的顾客收取更多的费用，这样可以提高整个服务排队系统的期望收益[3]。也就是说，当企业在为不同优先权服务进行定价时，一般来说优先权级别越高，价格越高，除此之外，企业还需考虑各类顾客服务时间的长短，对服务时间长的顾客收取更高的费用。

除了价格手段之外，企业还可以通过对顾客进行资质审核来区分 VIP 客户和非 VIP 客户。例如，在某商超消费够一定金额即可成为 VIP 客户。在实际中，一般需要对这种 VIP 资质进行动态更新。早期的很多银行没有对 VIP客户实施动态更新，这就导致它们不好把握 VIP 客户群的数量，从而没办法保证 VIP 客户的服务体验，当越来越多人成为银行的 VIP 客户时，这些 VIP

客户便享受不到更便利的服务，银行只能通过发新卡来更新 VIP 客户群。而在这方面航空公司就做得比较好，它们每年核算一次顾客的当年里程数来动态更新顾客的 VIP 资质。因此，在 VIP 优先权设置中，关键的问题是如何进行动态更新和应该选多少人作为 VIP 客户群。

VIP 资质常用的指标是销售量和顾客规模等，而 VIP 客户群的一般测算方法我们可以通过 VIP 客户群大小与服务排队系统性能指标的关系来确定，具体方法如下：假设顾客平均到达率为 λ，其中 VIP 顾客占比为 β，平均服务率为 μ，服务强度为 ρ，则 VIP 顾客的等待队长和等待时间分别为

$$L_{\mathrm{VIP}}=\frac{\rho\beta\lambda}{\mu-\beta\lambda}, \quad W_{\mathrm{VIP}}=\frac{\rho}{\mu-\beta\lambda}$$

非 VIP 顾客的等待队长和等待时间分别为

$$L_{\mathrm{NV}}=\frac{\rho(1-\beta)\lambda}{(1-\rho)(\mu-\beta\lambda)}, \quad W_{\mathrm{NV}}=\frac{\rho}{(1-\rho)(\mu-\beta\lambda)}$$

从上面的式子可以看出，若我们选择一个较大的 VIP 客户群比例，即较大的 β 值，那么 VIP 顾客的等待时间 W_{VIP} 就会增加，如图 4.1 所示。因此，服务提供者要选择一个合理的 VIP 客户群规模，从而保证 VIP 顾客的服务体验。

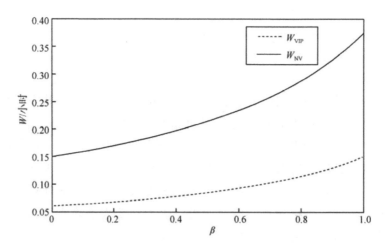

图 4.1　顾客等待时间和客户群规模的关系

非 VIP 顾客的等待时间和 VIP 顾客的等待时间存在以下关系：

$$W_{\mathrm{NV}}=\frac{\mu}{\mu-\lambda}W_{\mathrm{VIP}}=\frac{1}{1-\rho}W_{\mathrm{VIP}}$$

因此，非 VIP 顾客的等待时间会高于 VIP 顾客的等待时间，且服务强度

$\rho(0 < \rho < 1)$ 越大，两者差距也越大，如果 ρ 很大（接近 1）时，非 VIP 顾客就会被强制挤出去。如图 4.2 所示，可以看出，随着服务强度 ρ 的增大，VIP 顾客的等待时间变化不大，而非 VIP 顾客的等待时间呈指数型增长。

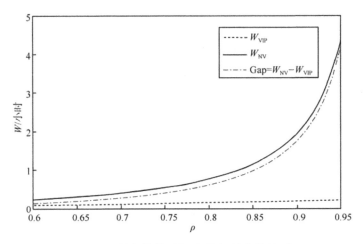

图 4.2　顾客等待时间和服务强度的关系

VIP 优先权设置只是将运作绩效在两类顾客间进行重新分配，整个服务排队系统的等待队长是 VIP 顾客和非 VIP 顾客的等待队长之和，等待时间也是两者之和：

$$L_{NP} = L_{VIP} + L_{NV}$$
$$W_{NP} = \beta W_{VIP} + (1 - \beta)W_{NV}$$

因此，VIP 优先权的设置在本质上并没有提高服务效率，只是将服务资源进行重新分配，把资源分配给比较有价值的那一部分顾客，使这部分顾客能感受到企业对他们的特殊关注，减少由排队等待导致的顾客流失，从而提升企业的盈利水平，这也是服务企业要动态更新 VIP 资质来保证 VIP 客户的服务质量的原因。下面通过一个具体的案例来展示如何通过上述的一些系统性能指标来确定 VIP 客户群规模。

案例 4.1　　PA 银行某网点的金卡发放标准

PA 银行股份有限公司（以下简称 PA 银行）是内地首家向公众发行股票并公开上市的全国性股份制商业银行。为了使服务水平更高、更完善，PA 银行每个网点都要设置合理的柜台数量，以使平均客户体验更高，并且，对于 VIP 客户，还会设置相应的 VIP 柜台服务点。目前，PA 银行某一网点顾客的平均到达率为 40 人/小时，一共有 6 个服务柜台，每个柜台平均服务时间为 8.8 分钟。现在银行经理接收到一些高端客户抱怨等待时间太长的信息，因此银行准备为高端客户设计金卡。据问卷调查，高端客户可以接受的平均等待时间是 3 分钟，并假设顾客的存款余额满足均值为 20 万元、标准差为 3 万元的正态分布，问该银行经理如何规定金卡的发放标准（存款满足多少可以开设金卡）？此时一般顾客的等待时间是多少？如果将一般顾客的等待时间控制在 1 小时以内，至少需要开多少个服务柜台？

设金卡顾客数占总顾客数的比例为 β，由题意知：平均到达率 $\lambda = 40$（人/小时）；平均服务率 $\mu = (60/8.8) \times 6 \approx 40.91$（人/小时）；服务强度 $\rho = \dfrac{\lambda}{\mu} = 0.978$。

（1）令金卡顾客的等待时间为 3 分钟（0.05 小时），即

$$W_{\text{VIP}} = \frac{\rho}{\mu - \beta\lambda} = 0.05 \text{（小时）}$$

可得 $\beta = 0.534$。

设储户的存款金额为 X 万元，其满足正态分布

$$\frac{X - 20}{3} \sim N(0,1)$$

$$P\{X \geqslant X_0\} = \beta = 0.534$$

解得开通金卡的存款下限为 $X_0 = 20.26$（万元）。

（2）一般顾客的等待时间为

$$W_{\text{NV}} = \frac{\rho}{(1 - \rho)(\mu - \beta\lambda)} = 2.27 \text{（小时）}$$

（3）将一般顾客的等待时间控制在 1 小时以内，即

$$W_{\text{NV}} = \frac{\rho}{(1 - \rho)(\mu - \beta\lambda)} = \frac{\lambda}{(\mu - \lambda)(\mu - \beta\lambda)} \leqslant 1 \text{（小时）}$$

$$\mu \geqslant 41.95 \text{（人/小时）}$$

设服务柜台的数量为 Y 个，则

$$\mu = (60/8.8) \times Y \geqslant 41.95 \text{（人/小时）}$$

$$Y \geqslant 6.15 \text{（个）}$$

所以最少开通 7 个服务柜台。

对于一个银行服务排队系统来说，如果增加服务柜台的数量，则可以提高服务质量，但同时也会增加运行成本；相反地，如果减少服务柜台的数量，则可以节省银行服务排队系统的成本，但也会增加顾客在系统中的等待时间，从而降低服务质量，甚至有可能因流失顾客而增加机会成本[4]。因此，对于

银行管理人员来说，最关键的问题是要找到一个能在提高服务质量和降低成本之间取得平衡的合适方案。

贴士：服务企业在设置 VIP 优先权时，可以采用价格和资质审核两种手段。企业在为不同优先权服务进行定价时，除了要考虑优先权级别的高低（级别越高的，价格越高），还要考虑各类顾客服务时间的长短（时间越长的，价格越高）。而在对顾客进行资质审核时，每隔一段时间就需要动态更新 VIP 资质来保证 VIP 客户的服务质量。

2. 优先权拍卖规则

除了通过 VIP 优先权规则设置有限优先权的方式外，还有一种可以设置无限优先权的方式，即优先权拍卖（priority auction）。优先权拍卖是在服务排队系统中，通过简单的竞价机制分配优先权的一种优先权排队方式，也就是俗话所说的"价高者得"，即竞标价高的顾客排在比其出价低的所有顾客前面，拥有优先享有服务的权利。优先权拍卖的大致流程为，在顾客进入服务排队系统前，企业首先确定好入场费及优先权拍卖方式，顾客根据企业给出的信息决定是否进入该服务排队系统，并给出竞标价。以广州市 2020 年 11 月粤 A 车牌竞拍为例，有关部门确定 11 月份广州市中小客车增量指标为 10 121 个，车牌竞价底价为 1 万元，买家登录车牌竞价系统完成注册，在规定时间内缴纳 2000 元保证金，获得车牌竞拍资格。竞拍日当天，缴纳保证金的买家进入竞价系统，进行报价。全部报价完毕后，按照价高者得的原则依次分配指标。

一般而言，优先权拍卖有两种方式：抢占优先权拍卖（auction for preemptive priorities，简写为 AP）和非抢占优先权拍卖（auction for non-preemptive priorities，简写为 AN）。抢占优先权拍卖方式是指企业首先将资源分配给优先权最高的顾客，在服务期间，只要出现了另一个竞价更高的顾客，企业立即暂停当前服务，并重新将资源分配给新的优先权最高的顾客；当出现竞标价一致时，相同竞标价的顾客按照 FCFS 规则排队。在非抢占优先权拍卖方式下，正在进行的服务不会被打断，企业只会在服务完当前正在服务的顾客后，才会服务新的优先权更高的顾客。

在排队管理研究中，通常将由服务延迟对顾客造成的损失称为延迟成本（delay cost），而将具有相对较高延迟成本的顾客称为延迟敏感型顾客，即这类顾客更厌恶排队等待，而采用优先权拍卖规则可以更好满足高延迟成本的延迟敏感型顾客的服务需求。例如，在广州市，采用摇号方式获得个人普通车牌指标无须付费，但指标数目较少，平均中签率不到 0.5%；而采用竞价方式的指标数目接近摇号方式的两倍，可以满足亟须上牌的车主的需要。同时对企业而言，采用优先权拍卖规则有利于企业资源得到更好的分配，获取更好的利润。

在实际应用优先权拍卖方式中，需要注意以下两个方面。一方面是如何评估顾客的延迟成本高低。直观上看，延迟敏感型顾客的延迟成本与等待时间成正比，顾客等待的时间越长，延迟成本越高。与此同时还需要考虑，服务延迟对顾客感知服务价值的影响[5]，顾客感知服务价值是指顾客对服务的评价。例如，对亟须上牌的车主而言，一旦在需求期间没有如愿获得车牌，那么下一次车牌竞拍中，即使可以获得上牌的机会，他的感知价值也会锐减，即车主认为车牌不值竞拍价，从而不愿意出价竞拍。另一方面是关于竞拍流程的制定，优先权拍卖排队方式对程序公开透明化的要求较高，只有企业制定了正规完整的竞拍流程才能使顾客对竞拍结果信服。

案例 4.2　车牌竞拍

改革开放以来，社会生产力不断发展，人民的生活水平日益提高。随着我国的经济飞速发展，汽车逐渐进入家庭，从 20 世纪 80 年代前的以公车消费为主的轿车市场转变为以私人消费为主的私家车市场。随着私家车数目的不断增长，广州、深圳、上海等城市相继推出车牌竞拍的方式，车牌竞拍是优先权拍卖的一个典型案例。接下来，我们将以广州车牌竞拍规则为例进行介绍。

在车牌竞拍时，买家首先登录车牌竞价系统完成注册，并在规定时间内缴纳 2000 元保证金，以获得车牌竞拍资格。在竞拍当日的上午 9：00 至下午 15：00，缴纳过保证金的买家进入竞价系统，进行报价，每个买家都有两次修改报价的机会，其中，买家的报价以最后一次修改的最终报价为准。全部报价完毕后，按照价高者得的原则分配车牌指标（注：车牌竞价底价为 1 万元）。车牌竞拍流程如图 4.3 所示。

车牌竞拍的方式是一种优先权拍卖的优先权排队机制，竞标价高的顾客获得更高的优先权，在指标分配中，排在低于其出价的顾客前面。顾客给出的竞标价越高，其优先权越高，就越有可能获得指标。

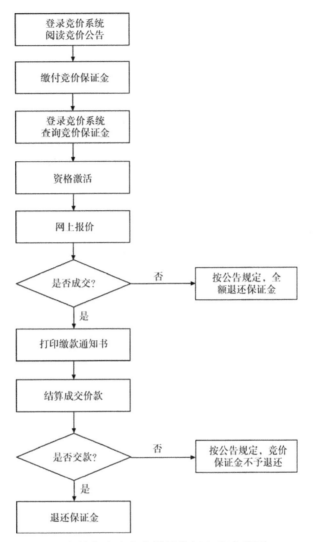

图 4.3　广州市中小客车增量指标竞价流程图

资料来源：广州市中小客车增量指标竞价流程图，http://www.gzqcjj.com/guide/jjlc.shtml[2020-11-09]

贴士：优先权拍卖适用于服务延迟成本高的延迟敏感型顾客，采用"价高者得"的方式，使得更加迫切得到服务的顾客优先分配到企业资源，既满足延迟敏感型顾客对服务的需求，又使得企业资源得到更好的分配，但优先权拍卖排队方式对程序公开透明化的要求较高，只有企业制定了正规完整的竞拍流程才能使顾客对竞拍结果信服。

3. 相对优先权规则

VIP 优先权规则的问题在于相对于普通顾客，获得优先权的顾客一定能够获得优先服务，但相对于那些同样购买优先权的顾客没有更明确的细分，即当很多个 VIP 客户等待服务时，他们是按照 FCFS 规则进行服务。不同于 VIP 优先权规则，相对优先权规则是指企业提供服务时，根据客户的实际情况给予其对应的相对优先级，每个相对优先级都有对应的优先获得服务的概率。顾客获得相对优先权后，并不一定能获得优先服务，只是获得优先服务的概率增大。

在实际中应用相对优先权规则需要解决两大问题：一是应用何种规则区分顾客；二是如何将顾客特征信息转化为对应的相对优先级的概率。事实上，对于第一个问题，可以使用我们在 3.3 节中介绍过的顾客隔离的一些手段，基于购买者特征采取一些措施设置非实体隔离，如基于购买者的消费频率与消费量、顾客人数多寡、购买者身份等。对于第二个问题，随着计算机技术的应用和大数据的发展，企业可以通过云端数据处理，将顾客数据整理并且实时更新。此外，可以将顾客的数据转化为虚拟积分，按照积分比例分配优先级概率，即顾客累计不同的积分能获得不同的优先级，企业根据客户在系统中所累计的积分的比例给予其相对优先级。在计算和分配相对优先级的概率时，需要根据服务排队系统的服务模式采取不同的分配方式，通常分为服务器共享和随机入口两种情况。在服务器共享的服务排队系统中，服务台一次服务多名顾客，系统内的所有顾客可以同时享有服务台的服务容量，每个正在被服务的顾客会分配到一个固定服务容量。在这种服务排队系统中实施相对优先权规则，对于系统中所有的顾客，可以按照这些顾客到达时累计的积分占所有顾客的总积分的比例来共享系统的服务容量，累计积分更高的顾客占有更大的服务容量。歧视性服务器共享（discriminatory processor sharing，DPS）就是上述情况的一个实际应用，我们将会在 4.3.3 节中详细介绍。对于随机入口的服务排队系统，服务台单次只服务一个顾客，服务完成后才开始服务下一个顾客。下一个进入服务的顾客是根据每一个顾客的累计积分占系统中所有顾客的总积分的比例作为概率从系统中所有顾客中选择的。具体地说，在某项服务完成时，如果有 n 个顾客在系统里，第 i 个顾客的累计积分为 p_i（$1 < i < n$），则其获得优先服务的概率为

$$x_i = \frac{p_i}{\sum_{j=1}^{n} p_j}, \quad x_i \in [0,1]$$

　　相对优先权规则的优势在于，企业可以根据更多的条件赋予顾客相对优先权，然后更全面地对顾客群体进行细分，然而，相对优先权的使用比较复杂，需要根据顾客特征赋予其对应的相对优先级，并且，可能出现部分顾客一直无法获得服务的极端现象。所以，相对优先权规则一般应用于顾客群体大、资源相对稀缺的服务上，以此来调控资源分配的合理性。

案例 4.3　"滴米"积分系统的运作机制

　　滴滴出行推出的"滴米"积分系统是相对优先权应用的典例之一。滴滴出行经常会面临旗下司机不愿接"差单"的问题。"差单"主要是指顾客所处位置偏远、途经地段交通拥堵、行驶里程相对较短的订单。司机通常不愿接这样的"差单"，导致部分顾客等不到车，造成顾客满意度下降，顾客投诉和顾客流失等问题频繁发生。同时，相对应的"好单"却经常被多名司机抢夺，导致部分司机抢不到"好单"，出现怨言。

　　因此，滴滴出行在 2014 年推出了"滴米"系统，依靠对实时路况、订单行程等大数据的综合判断，定量确定"好单"和"差单"的程度。对于承接并完成了"差单"的司机，系统会奖励司机一定数额的"滴米"。"滴米"是一种虚拟代币，司机累积的"滴米"越多，在抢"好单"时，就越有可能抢到。而对于承接并完成了"好单"的司机，系统会对应扣除一定数额的"滴米"。

　　从本质上来看，"滴米"的多少影响了司机接取"好单"的概率，"滴米"越多，司机接到"好单"的概率就会越高。这就是相对优先权的典型应用，这里"滴米"影响着司机获得"好单"的相对优先级的概率，但同时"滴米"最高的司机也不一定能抢到"好单"，抢到好单对于每位司机都是概率事件。

　　滴滴出行上线"滴米"系统后，经实际运行发现，该系统确实提升了司机接取"差单"的积极性，一定程度上避免了司机隐性的拒载和挑客的行为。

案例 4.4　智行火车票抢票机制

　　由于我国人口众多，每到春节、国庆、中秋等节假日，大量的人口流动导致火车、高铁一票难求，普通民众光靠手动刷新一般很难买到车票，并且 12306 网站也时常由于访问用户数太多而拥堵瘫痪。自 2013 年初起，互联网上的抢票软件开始层出不穷。抢票软件是互联网公司针对特殊时期用户买票难问题而开发的一种产品，在春运热潮带动下，引来无数网友的下载。

　　智行火车票是一款收费的火车票预订软件。该软件直连 12306 官方账号，可以直接查询、预订和购买火车票或高铁票，并且额外提供了智能查询和余票监控等服务。在智行火车票 App 中，用户通过做任务或者充值得到加速包，使用加速包可提高扫描余票和抢票的速度，从而提高抢票成功率。智行火车票还实行会员制度，为用户提供普通用户、白银会员、黄金会员、铂金会员和黑钻会员五个等级。用户需要充值一定的金额来提高自己的会员等级，越高级别的会员收费越贵，相应的抢票速度也越快。会员用户在火车票抢票流程中选择抢票速度时，可根据当前会员等级享受一定倍数的提速，相当于赠送了一定数量的加速包，1 个加速包=1 元，如表 4.1 所示。

表 4.1　智行火车票会员等级

会员等级	抢票提速倍数	最高赠送加速包/个
白银	1.1	5
黄金	1.2	10
铂金	1.5	25
黑钻	2.0	50

　　智行火车票的加速包抢票机制就是一个相对优先权的应用案例，购买了加速包或会员增值服务的用户，相当于提高了在所有用户中的优先次序，越高等级的会员，其优先权越高，抢到票的概率越大。但是车票总是有限的，购买优先次序的价值会随着购买相对优先权的人数的增加而贬值，因此，在春运这种客流量高峰的情况下，即便购买了增值服务，用户也不一定能抢到票，这也引起了许多用户的不满。

> 　　贴士：相对优先权规则一般应用于顾客群体较大、资源相对稀缺的服务上。企业一方面可以通过设定相对优先权规则来推行服务以获取更大的利润；另一方面，通过设定优先级也在一定程度上保证资源分配的合理性，对于一些相对紧急的顾客可以通过购买相应的优先级尽快获得服务，但对于优先级的合理设定及价格的定位就显得十分重要。

4.3.2　预约服务规则

　　预约服务是指顾客与服务企业提前约定好服务时间，再在约定的时间内接受服务。预约服务可以通过调节顾客的到达时间来分散顾客流量，因此采用预约可以大大缩短顾客等待时间和服务台空闲时间，从而提高服务排队系统的效率。在生活中有许多预约服务的应用场景，如医院的门诊预约、银行的公积金业务预约、各大旅游景点的门票预约、国家博物馆的参观预约、家电维修服务的预约等。如今，随着信息技术的进步，预约服务在生活中的应用越来越普遍，服务企业"线上预约，线下服务"的应用场景早已屡见不鲜，尤其在 2020 年以来，由于新冠疫情，人们大力推广的"无接触排队"催化了预约服务的发展，它可以有效统筹服务资源和实现资源的高效配置。

实际上，预约就是一种无形的服务排队系统，其显著特点是顾客的输入过程受服务台控制，即顾客不是完全按自己的意愿决定到达时间，到达时间不是完全随机的，而是按照服务企业指定的时间到达约定地点。服务企业实施预约服务的过程通常被称为预约调度，其本质是有限资源在不确定性条件下的分配问题，需要同时考虑服务提供者和顾客双方的利益，好的预约调度方案能有效降低顾客的等待时间，同时也能充分地利用服务台的服务能力，但是当预约调度方案设计得不合理时，就会造成服务资源的过度使用或浪费。例如，在医院的门诊预约中，如果在 30 分钟内预约了过多的患者，会造成门诊医生的过度繁忙，同时也会使预约患者的等待时间过长；而如果在 30 分钟内只预约了少数患者，会造成医生资源的浪费，即没有充分利用服务资源。因此，服务企业在设计预约调度方案时，要先明确预约调度的评价指标，再根据评价指标综合衡量顾客和服务提供者双方的利益，设计出既不让顾客等待时间过长，也不会造成服务资源浪费的预约调度方案。

服务企业在设计预约调度方案时，除了要考虑方案的有效性，还需要考虑自身服务的特性。例如，服务人数较少的银行在办理复杂业务时可能会直接给客户指定预约时间点，如客户应该在 11 点到达网点并办理业务，我们将之称为时间点预约调度；而人流量较大的医院门诊预约是在同一时间段内预约多个患者，我们将之称为时间段预约调度。因此，时间点预约调度和时间段预约调度分别是预约调度的两种模式。下面将先介绍预约调度的评价指标，再介绍预约调度的两种分类，并明确其区别和应用场景。

1. 预约调度的评价指标

在学术研究中，预约调度的常见评价指标包括时间指标、公平性指标、成本指标、拥挤程度指标、收益指标等，为方便读者理解和利用，在这里我们仅介绍最直观、最容易刻画的时间指标。时间指标由顾客等待时间、服务台空闲时间、服务台加班时间三个要素组成[6]。

顾客等待时间是顾客的开始服务时间减去预约时间和顾客实际到达时间中的较大者，若用 E_w 表示顾客等待时间，S 表示顾客的开始服务时间，x' 表示顾客实际到达时间，x 表示顾客的预约时间，则顾客等待时间可用下式表示：

$$E_w = S - \max(x, x')$$

一般来说，顾客提前到达所导致的等待时间被视为顾客自愿的等待，并不是预约系统造成的延迟，因此不包括在顾客的等待时间之内。另一种与顾客有关的绩效评价指标是顾客在系统中的逗留时间，与第 2 章介绍的相同，顾客逗留时间既包括顾客的等待时间，也包括服务时间。顾客一般不会介意服务时间太长，特别是对于某些专业服务反而会希望服务时间越长越好，如患者在医院就诊时，医生的问诊时间越长，就越能让患者认为自己获得了较准确的治疗服务。因此，在实际应用中，很少将顾客逗留时间作为评价指标，更多的是直接使用顾客等待时间来作为预约调度的评价指标。

服务台空闲时间是指服务员等待顾客的时间，即没有顾客来接受服务的时间总和。服务台加班时间则是指服务员结束服务最后一名顾客的时间与规定下班时间的差，如医院规定上午 12 点下班，在 11：30 到 12：00 之间预约了 10 个患者，各种因素导致医生在 12：30 才服务完最后一名患者，那么此时的服务台加班时间就是 30 分钟。

服务企业在设计预约调度方案时，应该综合权衡顾客等待时间、服务台空闲时间和服务台加班时间，应尽量使这三者之和最小化，以达到服务资源有效利用、减少顾客等待时间、提高顾客满意度的目的。

2. 时间点预约调度规则

时间点预约调度是为每一位顾客安排其到达时间点。在这种调度模式下，服务企业需要考虑每位顾客的服务时间长短和服务时间的波动大小，从而为他们安排一个合适的到达时间点，而顾客则需要在预约的时间点到达服务排队系统。例如，某银行每天上午（8：00～12：00）总共办理八单公积金贷款业务，平均一单处理时间为 30 分钟，该银行会将第一位顾客安排在 8：00 到达，第二位顾客安排在 8：30 到达，以此类推，设置每一位顾客到达的时间点。

在时间点预约调度模式下，顾客只需要在预约的时间点到达服务排队系统即可，这将大大缩短顾客的等待时间，同时也可以提高服务企业的资源利用率。但是，因为服务企业需要为每一位顾客安排到达时间点，工作量和计算量往往比较大，因此，这种调度模式一般应用在服务能力小、服务时间长、服务人数少的情景。

在实际应用中，服务企业一般采用固定时间间隔法来安排每一位顾客的到达，即每隔一段固定的时间预约一名顾客，这种预约调度模式主要面临两个问题：顾客爽约（no show）和服务时间的不确定性。顾客爽约是指顾客未按约定的时间点到达系统，这会导致服务台的空闲（即服务员等待顾客），从而造成服务资源的浪费。服务企业一般是根据平均服务时间安排顾客到达时间点，因此，服务时间的不确定性会影响服务排队系统的效率。例如，当某顾客的服务时间过短时，会导致服务员的空闲时间增加，从而会造成服务资源的浪费；而当某顾客的服务时间过长时，会导致后到达顾客的等待时间增加，甚至会增加服务员的加班时间。为了应对顾客爽约和服务时间不确定的风险，在制订时间点预约调度计划时常使用穹顶法则（dome rule）[7]，即对于服务周期前段和后段预约的顾客，将他们的到达时间点安排得相对密集，而对于在中段预约的顾客，将他们的到达时间点安排得相对宽松，如图 4.4 所示。

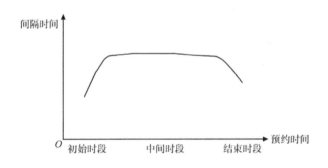

图 4.4　穹顶法则

Ho 和 Lau 提出了穹顶法则中每位顾客预约时间点的计算公式[8]。在穹顶法则中，基本预约调度参数有预约周期 T（例如，以 1 小时为一个预约周期，那么 $T=1$ 小时 $=60$ 分钟）；预约周期内需要预约的顾客数 N；第 i 位顾客的预约时间点 A_i；顾客预计接受服务的平均时间 μ，方差 σ^2。那么第 1 位顾客预约时间点 $A_1 = 0$，第 $i=2,\cdots,k_1$ 位顾客的预约时间点为

$$A_i = (i-1)\mu - \beta_1(k_1-i)\sigma^2 \tag{4.1}$$

第 $i=k_1+1,\cdots,k_2$ 位顾客的预约时间点为

$$A_i = (i-1)\mu + \beta_2(i-k_1)\sigma^2 \tag{4.2}$$

第 $i=k_2+1,\cdots,N$ 位顾客的预约时间点为

$$A_i = (i-1)\mu - \beta_3(i-k_2)\sigma^2 \tag{4.3}$$

其中，k_1的最佳取值约为预约期间患者总数量的 0.5 倍，k_2的最佳取值约为预约期间患者总数量的 0.9 倍，β_1的计算公式为

$$0 < \beta_1 < \frac{1}{k_1 - 2} \times \frac{\mu}{\sigma^2}$$

β_2的计算公式为

$$0 < \beta_2 < \frac{1}{k_2 - k_1 - 1} \times \frac{\mu}{\sigma^2}$$

β_3的计算公式为

$$0 < \beta_3 < \frac{\mu}{\sigma^2}$$

　　服务企业可以根据上面公式很容易地计算出每位顾客的预约时间点。按照穹顶法则安排顾客的预约时间点，可以减少由顾客爽约而导致的服务台空闲时间，同时也有效地减少了顾客的等待时间，从而提高服务资源的利用率。

案例 4.5　穹顶法则应用——以医院门诊预约为例

　　医院门诊需要在 1 小时的时间周期内安排 10 位患者就诊。已知顾客预计接受服务的平均时间为 6 分钟，服务时间的方差为 2，那么应该如何安排这 10 位患者的预约时间点？

　　k_1的最佳取值约为预约期间患者总数量的 0.5 倍，该案例中 $k_1 = 10 \times 0.5 = 5$，第 2 位至第 5 位患者的预约时间点按照式（4.1）进行计算；k_2的最佳取值约为预约期间患者总数量的 0.9 倍，$k_2 = 10 \times 0.9 = 9$，第 6 位至第 9 位患者的预约时间点按照式（4.2）进行计算；第 10 位患者的预约时间点按照式（4.3）计算。另外，根据 β_1，β_2 和 β_3 的计算公式，本案例中，$0 < \beta_1 < 1$，$\beta_2 = 2\beta_1$（$0 < \beta_2 < 1$），$0 < \beta_3 < 3$。因此，可以根据参数设置，令 $\beta_1 = 0.2$，$\beta_2 = 0.4$，$\beta_3 = 0.7$。

　　第 1 位患者的预约时间点为 $A_1 = 0$。

　　第 2 位患者的预约时间点为

$$A_2 = (2-1) \times 6 - 0.2 \times (5-2) \times 2 = 4.8$$

　　同理，第 3～5 位患者的预约时间点为

$$A_3 = (3-1) \times 6 - 0.2 \times (5-3) \times 2 = 11.2$$

$$A_4 = (4-1) \times 6 - 0.2 \times (5-4) \times 2 = 17.6$$

$$A_5 = (5-1) \times 6 - 0.2 \times (5-5) \times 2 = 24.0$$

第 6～9 位患者的预约时间点为

$$A_6 =(6-1)\times6+0.4\times(6-5)\times2=30.8$$
$$A_7 =(7-1)\times6+0.4\times(7-5)\times2=37.6$$
$$A_8 =(8-1)\times6+0.4\times(8-5)\times2=44.4$$
$$A_9 =(9-1)\times6+0.4\times(9-5)\times2=51.2$$

第 10 位患者的预约时间点为

$$A_{10} =(10-1)\times6-0.7\times(10-9)\times2=52.6$$

预约调度结果（与固定间隔时间法则进行比较）如表 4.2 和图 4.5 所示。

表 4.2　预约调度结果对比

患者编号	固定间隔时间法则		穿顶法则	
	预约时间点	间隔时间/分钟	预约时间点	间隔时间/分钟
1	0	—	0	—
2	6	6	4.8	4.8
3	12	6	11.2	6.4
4	18	6	17.6	6.4
5	24	6	24.0	6.4
6	30	6	30.8	6.8
7	36	6	37.6	6.8
8	42	6	44.4	6.8
9	48	6	51.2	6.8
10	54	6	52.6	1.4

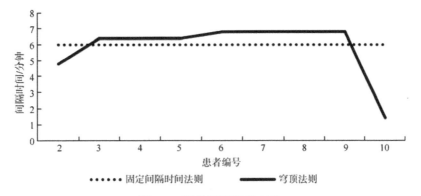

图 4.5　预约调度结果对比

从两种方法的预约调度结果对比可以看出，利用穿顶法则来安排顾客的预约时间点，其间隔时间将会呈现向上凸起的屋顶形状，在服务周期前段和后段预约的顾客，他们的预约时间点被安排得相对密集，而在中段预约的顾客，他们的预约时间点被安排得相对宽松。

> 贴士：在服务能力小、服务时间长、服务人数少的情景下，适合使用时间点预约调度模式，如银行、餐厅等，但是在使用这种调度模式时，服务企业要考虑到顾客爽约和服务时间的不确定性问题。因此，企业可以使用穹顶法则代替固定间隔时间法则来确定每位顾客的预约时间点，从而减少由于顾客爽约或服务时间的不确定性导致的资源浪费或产生额外的等待时间。

3. 时间段预约调度规则

时间段预约是指把一定数量的顾客分配到一定的时间间隔内，顾客在约定时间段内到达约定地点接受服务即可。在时间点预约调度规则中，顾客应该在指定的时间点到达服务排队系统，而在时间段预约调度规则中，顾客在指定的时间区间内到达服务排队系统即可，灵活程度较高。以某大型医院的眼科为例，上午医生上班时间为 8 点到 12 点，共有 8 个时间段，预约时间间隔为 30 分钟，就诊的患者可以在这 8 个时间段内按自己的偏好进行挑选，假设某患者预约了 9：00～9：30 的看诊服务，那么他只需要在该时间间隔内到达医院，即可进入医院候诊队列，排队等待诊疗服务。

时间段预约调度一般被应用于服务能力大、服务时间短、服务人数多的情况。例如，三甲医院的门诊预约服务，医疗服务作为一种稀缺服务，医生提供的看诊时间（服务时间）较短，而患者的需求量较大，只有采用时间段预约调度，才能有效利用医疗服务资源和减少患者的等待时间。此外，时间段预约调度由于灵活程度高、便于服务企业分配其服务能力，在现实中的应用是最广泛的。例如，快递的上门取件服务，顾客在相应的平台上预约取件，可以选择不同时间段的取件服务，预约时间间隔一般为 1 小时或 2 小时，快递员会在顾客的预约时间间隔内到达指定的地点取件，这种预约方式能灵活调度服务员，提高其服务效率。

生活中最常见的时间段预约调度规则是在固定时间间隔内安排多个顾客，即多人次/固定时间间隔（multiple-block/fixed-interval，MBFI）规则，该规则最早在 1966 年由 Soriano 提出[9]。在 MBFI 规则中，需要确定的两个变量就是预约时间间隔和各时间段内应该分配的人数，在确定预约时间间隔方面，Walter 从实践的角度指出预约时间间隔最好是 10 分钟或 15 分钟的倍数，如在医院的某个科室里，假设每名患者的看诊时间是 4.75 分钟，那么 20 分钟预约 4 名患者的效果会更好，而不是 19 分钟预约 4 名患者[10]。

在确定预约时间段内的人数方面，有研究发现，在时间段预约调度中，最优预约规则的时间间隔也存在穹顶形状（dome shape）[11]，即穹顶法则依旧是最优的预约规则，该规则能在提高服务台利用效率的同时有效降低顾客等待时间。在时间点预约调度规则的穹顶法则中，我们有确定的公式可以计算顾客的到达时间点，但在时间段预约调度中，顾客的到达时间在预约时间间隔内是随机的，没有确定的计算公式。时间段预约调度中的穹顶法则是指服务企业应在初始的几个时间间隔内多安排一些顾客，而在中间的时间间隔内少安排一些顾客，在最后的时间间隔内安排的顾客数量又相应地增加，即顾客数量在预约时间轴上应该呈"U"形曲线，如图 4.6 所示。

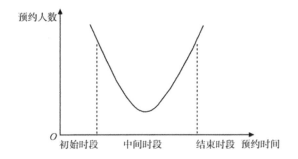

图 4.6　时间段预约调度中的穹顶法则

此外，除了依据穹顶法则来制订时间段预约调度方案外，服务企业还应该考虑自身的服务能力以及顾客在不同时间段内的需求特征。一般来说，顾客选择预约时间或到达时间往往具有某种倾向性，许多实证研究表明，在医院门诊预约服务中，周一到周日的顾客需求存在明显差异，在大部分医院里，周一是患者需求量最大、最拥挤的一天，且通常上午患者的平均到达率要高于下午，比例约为 2∶1，即上午到达医院的患者数量是下午的两倍[12-13]。导致该现象的原因可能是：患者认为在上午到达医院，有比较充足的完成时间，能保证在一天内完成所有检查和就诊服务，能在当天解决所有的问题，避免还要再来一次医院，另外，大多数医院上午安排的专家门诊较多，这也是导致上午的患者需求高于下午的原因之一。此外，研究表明，在服务刚开始的时间段内，顾客的需求较少，且容易迟到和爽约[14]，那么为了提高服务台的利用率（如减少医生的空闲时间），服务企业应该增加服务刚开始的时间段内的预约人数。

一般情况下，服务企业在不同时间提供的服务应该是相同的，但由于各种因素，顾客在不同时间的需求是不一样的，因此，服务企业在制订预约调度方案时，应该善于观察自身服务的特点，以及顾客的需求规律和到达规律。例如，医院在设计时间段预约调度方案时，应该考虑上述患者的需求现象，即应该在周一安排较多的医生提供服务，上午的医生数量应该多于下午，且应该增加每天的第一个预约时间段内的预约人数，以保证医疗服务资源的有效利用。

> 贴士：当服务企业的服务时间较短、服务能力较大，且需要服务的顾客人数众多时，应该采用较灵活的时间段预约调度规则，以有效分散顾客到达时间，减轻系统拥挤程度。在采用时间段预约调度规则时，预约时间间隔应该设计成 10 分钟或 15 分钟的倍数，以方便顾客选择，如一般可设置 30 分钟为一个时间段；在确定每个时间段内的人数方面，预约服务开始和结束的时间段内应该安排较多的顾客，中间的预约时间段内应该安排较少的顾客，此外，服务企业应该综合考虑每个时间段内服务台的服务能力、顾客的需求特点等因素，通过权衡服务台空闲成本和顾客等待成本确定各时间段内的预约人数。

4.3.3　服务器共享规则

服务器共享（processor sharing），又称处理器共享，这个概念最早出现在计算机的分时系统（time-sharing systems）中，分时系统是指同一台计算机能被多个用户同时使用，用户共享计算机主机中的资源。在过去的几十年里，服务器共享在评估各种资源分配机制的性能方面获得了突出的作用。服务器共享现在也被当作一种服务策略，广泛用于服务业中，在这种服务策略下，顾客无须排队，进入系统就能立即接受服务，因此不存在顾客等待时间，只是随着顾客数量的增加，服务台的服务速度会下降，顾客的系统逗留时间会随之增加。

服务器共享中最常见的资源分配模式是平均服务器共享（egalitarian

processor sharing，EPS），在这种服务策略下，系统中的每个顾客都是无差异的，服务器为顾客提供的服务也是无差异的。服务器将其服务能力平均分配给系统中的所有顾客，分配给每个顾客的服务速度取决于顾客总量。假设服务器的总服务能力为 C，系统中有 n 个顾客，那么每个顾客所分配到的服务能力为 C/n，每个顾客在进入平均服务器系统后，立即能获得服务器可用容量的同等份额，也就是说，顾客到达系统就会立即接受服务，系统不会出现排队现象，顾客的人数越多，平均分配到的服务能力就越小，服务速度越低，因此顾客接受服务的时间就越长。例如，日常生活中使用的网络，每个人连上网络就能立即接受服务，但当系统人数增多时，每个人平均分配到的网络服务能力会下降，网速会变慢，人们加载或下载一个文件的时间会变长。

案例 4.6　交通网络（EPS）

　　广州城区东部至番禺区的新光快速路，全长 19.9 千米，主线按双向八车道设计，该快速通道由于过路费便宜，高峰期会异常拥堵。现实生活中，交通网络就是一个 EPS 的例子，我们可以将广州城区东部通往番禺区的这段新光快速路看成一个共享的服务器，所有的车辆只要通过收费口进入新光快速路，无须排队等待，就可直接享受道路服务，不存在等待时间，在交通网络中的每一辆车所享受的道路服务都是相同的。当道路上的车辆增加时，从入口到出口的时间增加，即道路对车辆的服务速度下降，服务时间增加，相应地，车辆在新光快速路的行车速度变缓慢，在整段路上的逗留时间增加。

　　EPS 的缺点是它无法应用在顾客需求有差异的服务排队系统中，在该情况下，顾客与顾客之间存在差异，服务台对其提供的服务也会有所差异，可能是对某些顾客优先提供服务，又可能是对某些顾客有较快的服务速度。此时，服务排队系统一般会将顾客分成几个不同的类别，并对来自不同类别的顾客分配不相等的服务容量份额[15]，如在电脑中央处理器（central processing unit，CPU）中，每个任务的服务速度取决于该任务的优先级。为了描述顾客差异化的服务排队系统，人们提出了 DPS。在这种服务策略下，客户被分到几个不同的类别中，分配给每个类别的服务能力取决于每个类别中的客户数量和其对应的优先权，在这里，我们所指的服务能力包括服务容量和服务速度。Kleinrock 提出了优先权服务器共享（priority processor sharing）下的 DPS 模型，在该模型中，服务排队系统中的所有顾客同时接受一个共享服务台的服务，只是不同类别的顾客的服务速度会不一样，顾客的服务速度取决于系统中的顾客总量和该顾客类别的服务速度优先权[16]。假设服务排队系统中有 K 个顾客类别，用 N_k（$k=1,\cdots,K$）来表示第 k 个类别中的顾客数量，系统会为不同类别的顾客分配不同的服务速度，若用 g_k 来表示第 k 个类别的服务速度权重，$g_k > 0$，那么第 k 个类别的服务速度 r_k 为

$$r_k = \frac{g_k}{\sum_{j=1}^{K} g_j N_j}$$

显而易见，在 DPS 服务策略下，服务台的服务速度会随着顾客数量的增加而降低。我们很容易就能注意到，当 DPS 中每个顾客类别的服务速度权重均相等时，DPS 服务策略就等同于 EPS 服务策略，即系统中的顾客是无差异化的、同质的，服务台为每个顾客提供服务的速度均相同，不存在类别与类别之间的差异化现象。

案例 4.7　　百度网盘云服务（DPS）

服务器共享的一个显著特征就是顾客进入服务排队系统，无须排队就能立刻接受服务，在传统服务业中很难找到应用场景，但随着信息技术的进步，云服务的应用越来越广泛，云服务将服务资源与用户共享，以提供云储存服务的百度网盘为例，用户只要登录了百度网盘，无须排队即可享受百度网盘提供的所有服务，这是服务器共享在生活中应用的一个现实例子。

在此，我们以百度网盘的下载服务为例，阐述其使用 DPS 的应用场景。2019 年 6 月，大量网盘用户反映百度网盘对非会员有下载限速的行为，据网友 A 表示，家里的宽带普通下载速度为 11 兆字节/秒，但从百度网盘下载文件时，下载速度便下降到 100～200 千字节/秒，在购买了超级会员之后，下载速度才恢复到正常水平。对此，百度网盘证实了其对普通用户限速的做法，百度网盘为用户提供 2 太字节（T）容量的云储存空间，为此已付出了持续支出的高额成本，除此之外，为正常提供网盘服务，还需支付服务成本和带宽成本，用户使用百度网盘传输文件时，会消耗服务器资源，百度网盘需要对传输时的带宽进行支付，用户传输的速度越快，带宽就越大，百度网盘需要支付的费用就越高。

为了弥补下载时产生的带宽成本，增加百度网盘的服务收入，现今，百度网盘将用户分为免费用户、会员、超级会员三类，定价由低到高，用户所享受的网盘容量也由低到高排序，免费用户需要做指定的任务才能获得 2T 容量，而会员免任务就可扩至 2T 容量，超级会员则免任务就可扩至 5T 容量。在网盘文件下载方面，百度网盘会给超级会员分配极速下载特权，用户在使用百度网盘客户端下载文件时，专享下载高速通道，百度网盘会最大限度地为超级会员提升下载速度，节省下载时间。

综上，用户只要打开百度网盘，就能立即享受服务，系统中不存在排队现象。百度网盘将用户分为三类，为每类用户分配不同的下载速度权重，其中，免费用户和会员的下载速度权重相等，仅享有最低下载速度，而超级会员的下载速度权重最大，享有极速下载服务速度。在网盘云服务中，无论是哪一类的用户，只要该类的用户数量增加，随之带来的是用户的下载速度下降，类似于交通网络，流量增加会导致网络通行速度变慢。下面通过两个算例来看下，在实际应用服务器共享规则时服务企业应该怎么确定一些系统的具体参数。

算例 1　某网盘中有三类用户，分别为普通用户、会员、超级会员，用户可以上传文件到网盘中，也可以从网盘下载文件。网盘对每类用户分配了不同的下载速度权重，其中，普通用户、会员、超级会员依次为 0.2、0.3、0.5，假设在某一时刻，有 10 个普通用户、5 个会员、20 个超级会员同时从网盘下载文件。

（1）网盘给每类用户分配的下载速度分别是多少？

（2）当网盘不再提供差异化下载服务时，即各类用户的下载速度权重均为 1 时，各类用户的下载速度又分别是多少？

解：（1）在该题中，$K=3$，其余变量如表 4.3 所示。

表 4.3　题干中各变量的值

变量	普通用户	会员	超级会员
下载速度权重 g_j	0.2	0.3	0.5
用户数量 N_j	10	5	20
$g_j N_j$	2.0	1.5	10.0

那么，易得普通用户的下载速度 $r_1 = \dfrac{g_1}{\sum\limits_{j=1}^{3} g_j N_j} = \dfrac{0.2}{2+1.5+10} \approx 0.0148$；会员的下载速度 $r_2 = \dfrac{g_2}{\sum\limits_{j=1}^{3} g_j N_j} = \dfrac{0.3}{2+1.5+10} \approx 0.0222$；超级会员的下载速度 $r_3 = \dfrac{g_3}{\sum\limits_{j=1}^{3} g_j N_j} = \dfrac{0.5}{2+1.5+10} \approx 0.0370$。

（2）在该情况下，$g_1 = g_2 = g_3 = 1$，则各类用户的下载速度相等，易得

$$r_1 = r_2 = r_3 = \frac{1}{10+5+20} \approx 0.0286$$

算例 2　已知网盘的下载人数越多，下载速度越慢，网盘服务有普通用户和超级会员两类用户，为了保证超级会员享有一定的下载速度，网盘会控制各类用户数量。例如，要保证超级会员的下载速度应该大于 200 千字节/秒，普通用户的下载速度为 50 千字节/秒，已知，普通用户的下载速度权重为 0.2，超级会员的下载速度权重为 0.8，1 兆字节=1024 千字节。问：为保证两类用户的最低下载速度，该企业应该如何控制各类用户的数量？

解：设 A、B 分别表示普通用户和超级会员的数量，r_A、r_B 分别表示两类用户的下载速度（单位为兆字节/秒），则根据题意可得到下面的方程组：

$$\begin{cases} r_A = \dfrac{0.2}{0.2A + 0.8B} = \dfrac{50}{1024} \\ r_B = \dfrac{0.8}{0.2A + 0.8B} = \dfrac{200}{1024} \end{cases}$$

解得

$$\begin{cases} A = 1.1778 \approx 1（人） \\ B = 4.7113 \approx 5（人） \end{cases}$$

即系统应该控制普通会员的人数在 1 人左右，超级会员的人数在 5 人以下，才能保证各类用户达到一定的下载速度。

> 贴士：服务器共享在信息服务技术和交通网络服务的应用较多，企业在使用服务器共享作为服务策略时，可以根据自身业务特点和顾客需求特征去选择不同的服务器共享策略。当服务排队系统中的顾客都无差别时，可采用 EPS，将服务能力平均分配给每个顾客，其服务速度均相同，仅取决于服务排队系统中的总人数；当服务排队系统中的顾客需求存在差异时，可以选择 DPS，该策略会给每个类别中的顾客分配特定的速度权重（优先权），不同类别的顾客有着不同的服务速度，服务速度取决于速度权重和服务排队系统中的总人数。

4.3.4　轮询排队规则

在日常出行中，道路的路口通过红绿灯的变化来指挥来自不同方向的等待车流有序通过路口；加油站中工作人员轮流为加 92 汽油、95 汽油的车主服务；在游乐场，不同游玩项目通过设置快速通行（fast pass）队列和普通队列来服务游客等这些看似平常的活动中，都采用了一种排队规则——轮询排队规则。

　　轮询排队系统的概念最早是由 Mack 在研究英国棉纺织工业的机器维修问题中提出的，其中"轮询"这个术语源于轮询数据链控制方案（polling data link control scheme），即中央计算机通过通信线路检查每个终端是否有要发送的信息[17-18]。典型的轮询排队系统包含 2 个或 2 个以上的排队队列，由一个服务者按照一定的顺序或规则轮流服务在不同队列里等待的顾客，一般来说，服务者从服务一个队列转移到服务另一个队列时需要一定的转移时间。如图4.7 所示，为一般轮询排队系统的示意图。

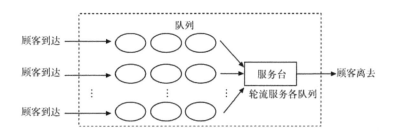

图 4.7　轮询排队系统示意图

　　经典的轮询服务规则有三种：门限服务轮询规则、完全服务轮询规则和限定 K 服务轮询规则[19]。门限服务轮询规则指的是服务者开始服务某条队列时，先观察当前队列的队长，服务完当前队长的顾客后，就转向服务另一队列；在服务该队列过程中新进入的顾客在本轮将不被服务，需要等到下一次服务该队列时才能享有服务。完全服务轮询规则指的是只有将某条队列的全部顾客（包括在服务该队列期间进入的顾客）服务完才会转去服务下一条队列。例如，在游乐场里，快速通道的所有游客进入项目后才轮到普通队列的游客，一旦过程中快速通道出现了新的顾客，都是优先允许快速通道的顾客进入项目。限定 K 服务轮询规则是指服务者服务某条队列时，每次最多服务K 名顾客，然后必须转去服务下一条队列。

　　在采用轮询排队规则时，主要关注服务排队系统的平均排队队长、平均循环周期、平均等待时间这些性能指标参数。其中，平均排队队长是指在系统处于稳定状态的情况下，排队队列中顾客的平均数量；平均循环周期是指从服务者到达某一队列开始到服务者再次达到该队列的时间间隔；平均等待时间是指从顾客到达排队队列开始到接受服务时的时间间隔。在三种经典的轮询服务规则中，限定 K（$K=1$）服务轮询规则的平均排队队长大于其他两种，但是这三种轮询服务规则的平均循环周期均相同，平均循环周期不会因为服务方式的改变而变化。三者平均等待时间的关系为：完全服务轮询规则 ≤门限服务轮询规则≤限定 K 服务轮询规则。然而在实际应用中，顾客并非总是遵循等待制原则，队伍过长或等待时间过长会使顾客离开队伍，因此完全服务轮询规则并非总是最优的。相较之下，门限服务轮询规则在实际应用中较为常用。

相较于主要应用在线上虚拟队列的相对优先权规则，轮询排队规则更容易应用于线下实际队列中，对顾客而言，采用轮询排队规则的队列是可视化的，顾客可以直观了解到自己在系统中的位置，从而对何时能够接受服务能建立主观上的判断。对企业而言，设计相对优先权排队往往会涉及优化算法等较为复杂的技术问题，相较而言，轮询排队系统的设计更为简单，利于实施和操作。例如，迪士尼乐园设置了快速通行证，游客领取了快速通行证后，在指定时间段到达指定项目，便可以进入快速通道享受优先快速通行；值得注意的是，快速通道并不意味着游客到了就能玩，也是要排队的，乐园工作人员会根据普通通道和快速通道的排队人数，在两条队伍之中轮询放行，只是快速通道的轮询次数会比普通通道的多很多。

案例 4.8　香港昂坪 360 缆车的轮询排队规则

香港昂坪 360 是由香港铁路有限公司运营管理的一条缆车路线，连接大屿山东涌及昂坪，它是世界上规模最大的吊车系统。香港昂坪 360 缆车线路景色宜人，游客可俯瞰北大屿山郊野公园，远眺南中国海、东涌谷、昂坪高原等，因此香港昂坪 360 也被誉为世界十大最佳缆车体验之一。

香港昂坪 360 提供两种缆车车厢供游客选择：标准车厢就是普通的缆车车厢，每个车厢最多可乘坐 10 人；水晶车厢的箱底是透明玻璃，游客可以欣赏到脚下的震撼景色，360 度无遮挡地鸟瞰广阔景致，每个车厢最多可乘坐 8 人。这两种车厢的票价如表 4.4 所示。

表 4.4　香港昂坪 360 缆车的单程车票价格　　　　　　　单位：港元

车厢类型	成人	小童	长者
普通车厢	160	75	105
水晶车厢	215	135	160

由于两种车厢存在价格差异，大部分游客会选择票价低的普通车厢，导致在普通车厢队列排队等候上车的游客更多，而水晶车厢队列排队的游客较少。因此在车厢设置上，每隔三四个普通车厢才会有一个水晶车厢，这样可以在一定程度上减少乘坐普通车厢的游客的等待时间，但总的来说，还是水晶车厢排队的人更少。

在香港昂坪 360 的服务排队系统中，分普通车厢和水晶车厢两条队列，由于缆车是循环运转的，其对这两条队列的服务是呈周期的，即每服务三或四批普通车厢游客，再服务一批水晶车厢游客。这本质上是一个限定 K 服务轮询规则，对普通车厢队列来说，K=3 或 4，对水晶车厢来说，K=1，服务器（缆车）对这两条队列按一定的周期轮换着进行服务。

贴士：轮询排队规则适用于一个服务台同时服务两条或两条以上队列的服务企业。经典的轮询服务规则有三种：门限服务轮询规则、完全服务轮询规则和限定 K 服务轮询规则。其中，完全服务轮询规则在理论上是最优的，但考虑到实际情况中，顾客会因队伍过长而离开，因此门限服务轮询规则在实际应用中更被广泛采用。在实践中可以通过轮询的次数调节来说实现相对优先权的效果。

4.3.5　批服务规则

批服务（batch service）规则是指排队规则为 FCFS 时，只有当服务台空闲且等待的顾客数量达到一个给定阈值 N 时，服务才会启动。假如在一次服务开始前等待顾客数量大于 N，那只有前 N 个顾客进入服务台接受服务，其余的顾客继续等待。例如，游乐园的过山车，每次只能服务一辆车的人数，其余游客需排队等待下一批。批服务的特征在于同时服务多名顾客，但每次服务都存在一个容量限制。有时，企业为了保持服务设施连续运转，在等待顾客数量小于 N 且服务台空闲时，也会让正在等待的顾客进入服务台接受服务。

在现代互联网服务企业中，批服务也有很广泛的应用，如在哈啰出行的顺风车服务中，顾客可以选择拼车服务，选择拼车一方面会有更多车源从而缩短等待时间，另一方面拼车成功可以以更低的价格乘车，当然拼车失败也仍可以享受服务，只是价格会比较高。无论是美团还是哈啰出行，这种拼团、拼车服务本质上是一种批服务，企业通过设置较低的价格来激励顾客主动拼团，目的是以更低的成本出售更多商品或服务，从而提高整体收益。

批服务规则可以保证同一批的顾客能同时接受服务，提升了服务器的服务效率，减少了顾客的等待成本，但是，采用批服务规则不一定是高效的，因为顾客到达具有随机性，假如一批顾客在服务台空闲了一段时间之后才到达，会造成服务台空载，导致服务资源的浪费；而假如在一批顾客到达后，服务台仍然是忙碌状态，会导致顾客付出等待成本。另外，在严格的批服务排队系统中，先到达的顾客往往会比后到达的顾客付出较长的等待时间，所以稀疏的顾客到达时间会导致总等待时间的增加，从而可能会导致顾客抱怨，甚至会产生没有人愿意先进入队列等待的情况。例如，在"人满才发车"的巴士中，第一个到达的顾客发现车上空无一人时，他需要等到座位都被坐满才能出发，在考虑了自己将要付出比别人更长的等待时间后，他可能会不愿意加入队列。

案例 4.9　新加坡摩天观景轮的排队规则

新加坡摩天观景轮又名飞行者摩天轮，是一个位于新加坡的巨型摩天轮，每年吸引着全球各地的众多游客排队体验。摩天轮旋转一周约 30 分钟，轮体上装 28 个座舱，每个座舱面积为 26 平方米，可各容纳 28 名游客，每小时可载超过 1000 人。游客购票后，需要再进入入口处排队等待进入座舱。在排队过程中，工作人员会根据等待顾客数量制定对应的批数量。当排队人数过多时，工作人员会将每 20 名游客归为一个批次，在每个座舱接近地面移动时，工作人员安排固定批次人数的游客进入座舱。在下一个座舱接近地面时，再安排下一批次游客。然而，在排队人数不多时，工作人员则会将每 10 人归为一个批次，以增加客户的舒适度。当人数过少时，工作人员会设定一段等待时间，若时间截止时，人数还是过少，则会直接安排顾客进入座舱。

> 贴士：企业在应用批服务时，需要考虑一批服务多少名顾客的问题，如果一批服务的顾客数量过多，在服务淡季时可能很难凑齐一批顾客，导致服务效率低下，而旺季时服务台也有可能过载；此外，如果一批服务的顾客数量过少，相较于逐个服务而言，批服务对于企业服务效率的提升有限。

4.3.6　重试排队规则

重试排队规则是指顾客到达服务排队系统后，若发现所有服务台都在忙碌，则进入重试区域，经过一段时间后再返回到服务排队系统再次要求服务，直到成功接受服务才离开系统，主要流程如图 4.8 所示。重试排队规则适用于为顾客提供非紧急服务，且目标顾客对接受服务的时间点没有严格要求的企业。

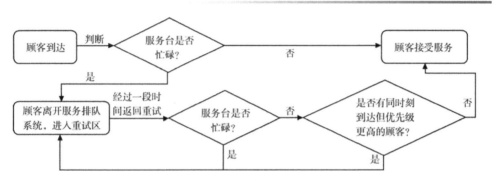

图 4.8　重试排队规则流程图

在其他排队规则中，顾客在服务排队系统内等待，直至服务完成后离开，只是各规则的排队顺序不同，而在重试排队规则中，并不允许顾客在服务排队系统内等待，而是设置重试区域，一段时间后再让顾客重新到达服务排队系统，查看是否有空闲的服务台，如果有则为他们提供服务，如果没有则让他们再次返回重试区域等待，直到所有顾客都被服务完为止。

重试排队规则的优点在于顾客不需要在服务排队系统内过多停留或等待，对于企业而言，应用重试排队规则可以节省排队空间，而对于顾客而言，重试排队规则可以间接减少等待时间，即顾客可以利用在重试区域中的"等待时间"做其他的事情。但是，如果重试时间安排不当，会导致企业服务资源闲置，另外，如果部分顾客多次重试却仍然没有获得服务，便会产生较大的顾客抱怨。重试排队规则已经被众多学者深入研究，且常应用于模拟电话、通信系统和计算机网络等领域，如选择重传技术在计算机消息传输中的应用等，但在服务行业的应用仍有待开发。目前，较为常用的重试排队系统是计算机网络、电话订票系统和网上订票系统。在计算机网络中，假如某个网页由于访问量太大，便会出现加载失败的情况，此时常常会显示"请稍后重新加载"，这就是一个典型的重试排队，访问者便会利用重试等待时间去做别的事，间接节省了排队等待时间，一段时间过后再尝试重新加载网页；在电话订票系统中，如果订票系统忙碌时，会提示顾客稍后再拨打电话以重新尝试订票，并记录顾客电话以分配优先级，在一段时间后，顾客将会重新拨打电话，而系统会根据当前的忙碌情况，判断是给顾客提供服务还是再次提示重试。

　　　　贴士：重试排队规则常应用于计算机网络和通讯系统中，重试排队主要有两个优点，一是顾客不需要在服务排队系统中等待，节省了排队空间；二是由于重试等待时间是顾客可以自由支配的，相当于间接减少了顾客的等待时间。重试排队的缺点是重试次数的增加会导致顾客抱怨增加，从而会导致顾客忠诚度下降，甚至还会导致顾客流失，所以企业在应用时要合理安排重试顾客的优先级，以保证较少的重试次数和较短的重试等待时间。目前，重试排队规则在实体服务业中的应用还有待探索。

参 考 文 献

[1] Su X M, Zenios S. Patient choice in kidney allocation：the role of the queueing discipline[J]. Manufacturing & Service Operations Management, 2004, 6（4）: 271-367.

[2] Fitzsimmons J A, Fitzsimmons M J, Bordoloi S. Service Management：Operations, Strategy, Information Technology[M]. 8th ed. New York：McGraw-Hill Education, 2011.

[3] Mendelson H, Whang S. Optimal incentive-compatible priority pricing for the M/M/1 queue[J]. Operations Research, 1990, 38（5）: 870-883.

[4] 韩大伟. 管理运筹学通论[M]. 大连：大连理工大学出版社, 2007.

[5] Afèche P, Mendelson H. Pricing and priority auctions in queueing systems with a generalized delay cost structure[J]. Management Science, 2004, 50（7）: 869-882.

[6] 阎崇钧. 门诊预约问题的建模和调度算法研究[D]. 沈阳：东北大学, 2014.

[7] Hassin R, Mendel S. Scheduling arrivals to queues：a single-server model with no-shows[J]. Management Science, 2008, 54（3）: 565-572.

[8] Ho C J, Lau H S. Minimizing total cost in scheduling outpatient appointments[J]. Management Science, 1992, 38（12）: 1750-1764.

[9] Soriano A. Comparison of two scheduling systems[J]. Operations Research, 1966, 14（3）: 388-397.

[10] Walter S D. A comparison of appointment schedules in a hospital radiology

department[J]. British Journal of Preventive and Social Medicine，1973，27（3）：160.

[11] Kaandorp G C，Koole G. Optimal outpatient appointment scheduling[J]. Health Care Management Science，2007，10（3）：217-229.

[12] 惠晓萍，单海华. 排队论模型在苏州市某医院门诊医师配置中的应用研究[J]. 江苏卫生事业管理，2020，31（5）：614-616.

[13] 彭迎春，常文虎，董斯彬. 排队论在测量门诊挂号和收费窗口服务流程效率中的应用[J].中华医院管理杂志，2005，（12）：810-814.

[14] Bailey N T J. A study of queues and appointment systems in hospital out-patient departments，with special reference to waiting-times[J]. Journal of the Royal Statistical Society：Series B（Methodological），1952，14（2）：185-199.

[15] Altman E，Avrachenkov K，Ayesta U. A survey on discriminatory processor sharing[J]. Queueing Systems，2006，53（1/2）：53-63.

[16] Kleinrock L. Time-shared systems：a theoretical treatment[J]. Journal of the ACM（JACM），1967，14（2）：242-261.

[17] Perros H G，Altiok T. Approximate analysis of open networks of queues with blocking：tandem configurations[J]. IEEE Transactions on Software Engineering，1986，12（1）：450-461.

[18] Boxma O J. Waiting-time approximations for cyclic-service systems with switchover times[J]. Performance Evaluation，1987，7（4）：299-308.

[19] Boxma O，Bruin J，Fralix B. Sojourn times in polling systems with various service disciplines[J]. Performance Evaluation，2009，66（11）：621-639.

第 5 章　服务能力调节

第 4 章我们介绍了主要的服务排队规则及其应用创新，企业可以参考选择合适的服务排队规则进行应用。然而，在现实生活中，企业也应该思考如何尽快地提供服务以满足顾客需求。对于企业而言，顾客到达后，决定企业能否及时提供服务的一个重要因素就是企业的服务能力。根据实际情况调节自己的服务能力以满足顾客的服务需求是企业在进行排队管理时面临的一个重大挑战。本章将论述服务能力的概念及决定因素，阐述调节现存服务能力的策略和扩大服务能力的方法，并基于新经济时代快速发展的信息技术，拓展了一些应用创新，并结合实际案例加以阐释以供企业参考。

5.1　服务能力的概念及决定因素

5.1.1　服务能力的概念

服务能力是指服务排队系统提供服务的能力程度。例如，医院住院部的最大床位数目、护士护理时间总长、餐厅的餐桌数量等指标都可以体现医院的服务能力高低。由于顾客的需求是动态波动的，服务企业通过调整服务能力来更好地协调服务供给与需求是完善和改进服务排队系统的重要突破口之一。因此，服务能力的调节在服务排队系统的管理中扮演着举足轻重的角色。在进行服务能力调整时，对于服务企业而言，需要明确企业的能力评价体系，结合企业自身的实际情况，了解决定服务能力的因素，在薄弱环节上对症下药。

5.1.2　调节服务能力的决定因素

对服务能力进行调节，我们首先要了解调节服务能力的决定因素，提高服务排队系统的服务能力需要针对这些因素进行管理。通常来说，调节服务能力的决定因素有以下五个方面。

（1）时间。对于一些从事技能型职业的人来说，他们出售的主要是他们的时间，如律师、咨询师、会计师、理发师、心理顾问、牙科医生等。

（2）员工。对于一些专业技能要求高的行业来说，员工是一个相对刚性而关键的决定公司生产能力的因素，如律师事务所、会计师事务所、大学的院系、电器维修公司等。

（3）设备。对于需要大型设备来维持运营的行业来说，设备是公司服务能力的最重要因素，如运输业、通讯业、健康俱乐部等。

（4）设施。对于需要大量空间或大型建筑来运营的行业来说，设施面积和设施档次是决定生产能力的主要因素，如酒店、餐厅、学校、电影院等。

（5）顾客参与。一些服务需要顾客在接受服务期间付出劳动努力，即需要顾客参与。例如，顾客在 ATM（automatic teller machine，自动取款机）上取款，全程需要其参与。这些情况下，顾客的参与对服务能力产生了影响，顾客的参与程度高就相当于间接提高了企业的服务能力。

这五个决定因素是企业调整服务能力的着力点。例如，餐馆可以通过延长服务时间、增加服务员、增加餐桌等方式提高服务能力；物流企业可以通过购买增加更多货车来提高服务能力；银行网点可以通过设置自助服务机来增加顾客参与，使得顾客可以自助完成办卡、开通网上银行等简单业务，从而提高服务能力。除此之外，随着服务业的迅猛发展，越来越多的新经济模式开始涌现，这些新经济模式为企业调整服务能力提供了更多的选项，如目前最常提及的新经济模式有五种，如表 5.1 所示。

表 5.1　五种新经济模式

新经济模式	定义	例子
数字经济	利用数据来引导资源发挥作用，推动生产力发展的经济形态	微信和支付宝的扫码支付
共享经济[1]	拥有闲置资源的机构或个人，将资源使用权有偿让渡给他人，让渡者获取回报，分享者通过分享他人的闲置资源创造价值	共享出行的代表 Uber（优步），共享空间的代表 Airbnb（爱彼迎）

新经济模式	定义	例子
零工经济	区别于传统固定上班时间的工作方式，自由职业者采取的一种工作量不大、时间短、灵活的工作方式，通常利用互联网和移动技术快速匹配供需双方	兼职的网约车司机
平台经济[2]	一种基于数字技术，由数据驱动、平台支撑、网络协同的经济活动单元所构成的新经济系统，是基于数字平台的各种经济关系的总称	App Store 的模式是基于苹果用户的巨大平台而产生的盈利模式
循环经济	以资源节约和循环利用为特征、与环境和谐的经济发展模式	阿里巴巴的闲鱼，京东的二手电商品牌"拍拍二手"

这些新经济模式的兴起，都给服务提供者带来了更多调节服务能力的创新方式，因此，企业需要思考如何在这些新经济模式场景下根据需求的波动去调节服务能力，使服务能力与千变万化的需求相匹配。服务企业调节服务能力的策略可分为两种，第一种是提升现存服务能力的效率，第二种是扩大服务能力。接下来，我们将结合影响服务能力的五个决定因素——时间、员工、设备、设施和顾客参与，阐述调节服务能力的策略。

5.2　提升现存服务能力的柔性和效率

服务能力效率是指服务能力的实际利用效率，它反映了服务资源分配的有效性。服务能力效率直接影响服务排队系统的运营效率，关乎着服务企业的经济效益甚至生存发展。企业提升服务能力主要有两种途径：一是提升现存服务能力的效率，二是扩大服务能力。通常来说，扩大服务能力往往需要增加额外的资源，成本相对较大，调整周期也相对较长，但提升现存服务能力的效率可以通过一些调整运营策略等手段实现，调整相对灵活。

服务能力的柔性是用来衡量服务排队系统的服务能力根据需求变动的程度。例如，地铁车厢的座位数是固定的，但是乘客过多的时候，没有座位的乘客可以站立在车厢内，而飞机在座位坐满后就无法承载更多的乘客。相比之下，地铁在乘客需求变动时，服务能力的可调节程度更大，所以地铁的服务能力柔性显然也更大。服务能力的柔性衡量了企业根据需求的变动来调节服务能力的灵活程度，可以用服务能力柔性指数来评估：

$$服务能力柔性指数 = \frac{可调节的服务能力}{总服务能力}$$

其中，可调节的服务能力表示企业可以灵活调整的那部分服务能力，等于调节后的最大服务能力与最小服务能力的差，如地铁车厢除了固定座位以外可以容纳站立乘客的人数。服务能力柔性指数越大说明企业越可以灵活地调整自身的服务能力以适应多变的需求，也就是说，提升服务能力的柔性能够提高服务效率。因此，调节和提升现存服务能力的柔性是提升企业服务能力效率的有效途径之一。

接下来，我们将介绍服务综合效率（overall service effectiveness，OSE）模型[3]来定量评估服务排队系统服务能力的综合效率。服务综合效率模型可以帮助发掘现存服务能力提升的瓶颈，并结合服务能力的决定因素来阐述如何解决这些瓶颈，从而有效提高服务能力的柔性和效率。

5.2.1　评估服务能力效率的指标

服务综合效率是指有效成功服务时间相对于计划服务时间的比率，反映了服务排队系统中有效成功服务所占的比率。其中，有效服务时间是指服务排队系统正为顾客提供服务的时间，不包括各种原因带来的服务中断时间或者缺少顾客的服务空置时间。而成功的服务是指服务排队系统所提供的服务达到服务设计的要求，使顾客满意。在实际服务运营中，影响服务综合效率的因素主要有以下四个方面。

（1）服务中断，指在服务过程中出现了计划之外停止运行的情况，使得服务排队系统无法正常为顾客提供服务，如新冠疫情下对餐饮、航空、娱乐体育等行业的政策管制、台风对运营商基站的损坏、雷雨天气造成的航班停运、所在片区突发的紧急停电、酒店电梯故障、医院挂号系统无法正常显示等。

（2）服务空置，指由于服务排队系统中没有需要服务的顾客而处于"被动的"空闲状态，如酒店在淡季有许多房间无顾客入住，餐厅在工作日期间空台率高。

（3）服务低速，指提供单位服务次数所需的时间，服务速率越低，提供单位服务次数所需的时间越长，如餐厅由于人手不足而上菜慢、诊所因诊疗设备有限或诊疗设备老旧治疗时间不得不延长。

（4）服务失败，指服务企业在进行服务传递过程中未能达到服务设计要求，使得顾客对所提供的服务不满意，从而产生投诉或者抱怨，如住客对酒店的服务进行投诉、乘客抱怨航空公司的服务等。

上述四大因素对服务排队系统的服务时间和服务综合效率的影响如图5.1 所示，系统的可用服务时间减去计划暂停服务时间、服务中断时间和服务空置时间后才是系统的有效服务时间，但系统的服务综合效率并不直接等价于系统的有效服务时间长短，其还受到有效服务时间内服务效率和服务成功率的影响。

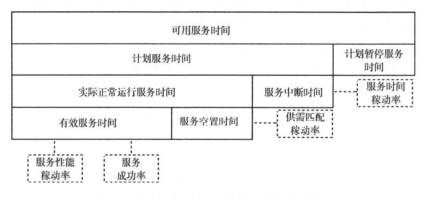

图 5.1　服务综合效率模型中服务时间的划分

因此，服务综合效率模型通过服务时间稼动率、供需匹配稼动率、服务性能稼动率、服务成功率四大量化指标来刻画服务排队系统的服务综合效率。服务综合效率模型如下：

$$服务综合效率 = 服务时间稼动率 \times 供需匹配稼动率 \times 服务性能稼动率 \times 服务成功率$$

服务综合效率得分越高，服务排队系统的服务能力效率越高。接下来，我们详细介绍服务时间稼动率、供需匹配稼动率、服务性能稼动率、服务成功率四大指标。

1. 服务时间稼动率

$$服务时间稼动率 = \frac{实际正常运行服务时间}{计划服务时间}$$

其中，计划服务时间=可用服务时间－计划暂停服务时间；实际正常运行服务时间=计划服务时间－服务中断时间。可用服务时间表示服务排队系统计划开放并提供服务的总时间；计划暂停服务时间表示服务排队系统正常运行下的非工作时间，如员工用餐、休息、培训、开会等；服务中断时间表示不可控因素或者服务设备故障造成的服务中断，导致服务排队系统无法正常提供服务的时间段。服务时间稼动率体现了服务排队系统的可靠性，服务时间稼动率越高，服务排队系统运营越稳定。

2. 供需匹配稼动率

$$供需匹配稼动率 = \frac{有效服务时间}{实际正常运行服务时间}$$

其中，有效服务时间=实际正常运行服务时间－服务空置时间。服务空置时间表示服务排队系统没有需要服务的顾客而处于被动闲置的时间。供需匹配稼动率体现了服务排队系统供需匹配情况，供需匹配稼动率越高，服务系统供需匹配效率越高。通常来说，需求的不均衡性会导致匹配效率的降低。供需匹配稼动率实质上反映了服务系统调节服务需求和服务供给的能力，如对需求削峰填谷的能力、对供给动态调度的能力。

3. 服务性能稼动率

$$服务性能稼动率 = \frac{理论平均服务时间}{实际平均服务时间}$$

其中，实际平均服务时间=实际正常运行服务时间/实际服务次数，实际服务次数表示服务排队系统为顾客提供服务的频数，一些服务情境下，实际服务次数可以等同于服务顾客的人数或订单量；理论平均服务时间表示服务排队系统在理想情况（没有干扰时）提供服务所需消耗的时间，通常每一个服务排队系统都可以通过服务标准流程设计得到其理论平均服务时间。服务性能稼动率体现了服务效率，直观反映了服务排队系统的服务能力。

4. 服务成功率

$$服务成功率 = \frac{实际服务次数－失败服务次数}{实际服务次数}$$

其中，服务失败表示服务企业被投诉或者服务评价低于某一阈值（如等于或低于两星、等于或小于 60 分），而失败服务次数可以视为服务评价等于或低于两星的次数。服务成功率体现顾客满意程度高低，服务排队系统的服务成功率越高，顾客的满意度越高。

服务综合效率分析通过计算服务综合效率模型中的服务时间稼动率、供需匹配稼动率、服务性能稼动率、服务成功率四大指标，得到对应的指标值并依据诊断参考标准进行比对，进而对服务排队系统做出相应诊断。若诊断结果显示服务排队系统存在效率问题，进一步分析其可能要因并针对性采取相应改善措施。综合如上所述，服务综合效率分析过程可汇总于表 5.2。

表 5.2　服务综合效率分析表

指标	指标得分	诊断结果	可能要因	改善措施
服务时间稼动率				
供需匹配稼动率				
服务性能稼动率				
服务成功率				
			服务综合效率 ＝	

服务综合效率诊断参考标准如表 5.3 所示，将四大指标得分值与服务综合效率诊断参考标准进行比较得出诊断结果，以便后续针对性地分析要因并采取改善措施。

表 5.3　服务综合效率指标的诊断参考标准

指标		诊断结果
服务时间稼动率	0.8～1	服务系统稳定
	0.6～0.8	服务系统较稳定
	≤0.6	服务系统极不稳定
供需匹配稼动率	0.8～1	供需匹配效率高
	0.6～0.8	供需匹配效率中等
	≤0.6	供需匹配效率低
服务性能稼动率	0.8～1	服务效率高
	0.6～0.8	服务效率中等
	≤0.6	服务效率低
服务成功率	0.9～1	顾客满意度高
	0.6～0.9	顾客满意度中等
	≤0.6	顾客满意度极低

1. 服务时间稼动率的参考标准设定

服务时间稼动率体现了服务系统的可靠性，服务时间稼动率越高，服务系统运营越稳定。由图 5.1 易知，实际正常运行服务时间总是小于等于计划服务时间。我们认为，当服务时间稼动率＞0.8 时，说明服务系统可靠性高，判定为稳定的服务系统；当 0.8≥服务时间稼动率＞0.6 时，服务系统比较稳定，可靠性为中等水平，服务企业可以采取措施进一步提高系统稳定性；当服务时间稼动率≤0.6 时，说明服务系统可靠性低，有极大的不稳定因素影响服务系统的正常运行，服务企业必须采取相应措施提高系统稳定性。

2. 供需匹配稼动率的参考标准设定

供需匹配稼动率体现了服务系统供需匹配情况，供需匹配稼动率越高，服务系统供需匹配效率越高。由图 5.1 易知，有效服务时间总是小于等于实际正常运行服务时间，即供需匹配稼动率∈(0,1]。我们认为，当供需匹配稼动率＞0.8 时，说明服务系统供需平衡，判定为供需匹配的服务系统；当 0.8≥供需匹配稼动率＞0.6 时，服务系统供需较为均衡，供需匹配度处于中等水平；当供需匹配稼动率≤0.6 时，该服务系统供需不均衡，导致其供需匹配度低，某些服务时间段内需求显著少于供给，此时，服务企业必须采取措施吸引更多顾客，刺激消费端或对需求削峰填谷。

3. 服务性能稼动率的参考标准设定

服务性能稼动率体现了服务效率，本质上直观反映了服务系统的服务能力。一般服务运营情况下，实际平均服务时间总是大于或等于理论平均服务时间，即服务性能稼动率∈(0,1]。我们认为，当服务性能稼动率＞0.8 时，说明服务系统的服务效率高，系统服务能力强；当 0.8≥服务性能稼动率＞0.6 时，服务系统的服务效率一般，系统服务能力处于中等水平；当服务性能稼动率≤0.6 时，该服务系统服务能力不足，服务效率低，服务企业必须采取改善措施提高其服务能力。

4. 服务成功率的参考标准设定

服务成功率体现顾客满意度高低，服务系统的服务成功率越高，顾客的满意度越高。由服务成功率公式易知，当失败服务次数为 0 时，服务成功率取到最大值"1"，即服务成功率∈(0,1]。我们认为，当服务成功率＞0.9 时，说明基本所有的顾客满意服务系统提供的服务，服务系统所提供的服务可以满足顾客需求，服务质量高；当 0.9≥服务成功率＞0.6 时，顾客满意度一般，服务企业可以进一步完善服务系统；当服务成功率≤0.6 时，许多顾客对服务系统提供的服务不满意，服务质量低，因此服务企业必须采取措施整改服务系统。

案例 5.1　　**快餐店的服务综合效率计算**

　　我们以最常见的餐饮行业为例，介绍服务综合效率分析方法的应用。某快餐店的营业时间为 11：00～23：00，其中 14：30～16：30 为员工的休息就餐时间。具体服务流程如图 5.2 所示（结账页面弹出对本次就餐的评星界面，满分为五星）。根据服务设计得到每位顾客的理论平均服务时间为 15 分钟。

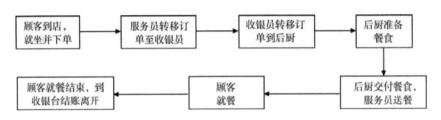

图 5.2　快餐店的服务流程图

　　当天统计数据得到，该快餐店当天共服务 100 位顾客，每位顾客平均服务时间为 18 分钟，其中有两位顾客评价打分为两星及以下。此外，因社区停水，该快餐厅于当天 13：00～14：00 暂停营业，并且晚间 21：00～23：00 销量低迷，订单量为零，无顾客光顾门店。通过计算可知，当天该快餐店可用服务时间为 12 小时，计划暂停服务时间为 2 小时，计划服务时间为 10 小时；服务中断时间为 1 小时，实际正常运行服务时间为 9 小时；服务空置时间为 2 小时，有效服务时间为 7 小时。理论平均服务时间为 0.25 小时，而当天实际平均服务时间为 0.3 小时。实际服务次数为 100 次，失败服务次数为 2 次。计算得到四大指标得分如下。

$$服务时间稼动率 = \frac{实际正常运行服务时间}{计划服务时间} = \frac{9}{10} = 0.90$$

$$供需匹配稼动率 = \frac{有效服务时间}{实际正常运行服务时间} = \frac{7}{9} \approx 0.78$$

$$服务性能稼动率 = \frac{理论平均服务时间}{实际平均服务时间} = \frac{0.25}{0.3} \approx 0.83$$

$$服务成功率 = \frac{实际服务次数-失败服务次数}{实际服务次数} = \frac{100-2}{100} = 0.98$$

$$服务综合效率 = 0.90 \times 0.78 \times 0.83 \times 0.98 \approx 0.57$$

　　根据表 5.3 指标诊断参考标准，服务时间稼动率=0.9＞0.8，认为该快餐店稳定，系统可靠性高，无须采取改善措施；0.6＜供需匹配稼动率=0.78≤0.8，认为该快餐店需求略少于供给，供需匹配程度为中等水平，从统计数据中得知，该快餐店晚间顾客需求处于低谷，可以采取"晚间八折"优惠销售等营销手段吸引顾客；服务性能稼动率=0.83＞0.8，认为该快餐店服务系统的服务效率高，系统服务能力强，无须采取改善措施；服务成功率=0.98＞0.8，认为顾客满意该快餐店提供的服务，无须采取改善措施。该快餐店当天的服务综合效率分析表，如表 5.4 所示。

表 5.4　　快餐店 × 年 × 月 × 日服务综合效率分析表

指标	指标得分	诊断结果	可能要因	改善措施
服务时间稼动率	0.90	服务系统稳定	—	无
供需匹配稼动率	0.78	供需较匹配	晚间顾客需求处于低谷	采取营销手段
服务性能稼动率	0.83	服务效率高	—	无
服务成功率	0.98	顾客满意度高	—	无

服务综合效率 ≈ 0.57

5.2.2　提升现存服务能力效率的方法

由服务综合效率的分析可知一个服务排队系统的服务能力效率受到服务排队系统的服务时间稼动率、供需匹配稼动率、服务性能稼动率、服务成功率的影响。针对这些因素，本节给出一些提升现存服务能力效率的服务管理创新方法供企业参考。

1. 减少服务接触面

上文所提的服务综合效率中，我们知道服务性能稼动率是衡量服务排队系统服务能力效率的重要指标。由服务性能稼动率=$\dfrac{理论平均服务时间}{实际平均服务时间}$可知，在其他条件不变的情况下，降低服务排队系统的实际平均服务时间，即可提高服务排队系统的效率。为了更好地理解服务排队系统的实际平均服务时间，在此我们首先来介绍一个概念：服务接触。

服务接触（service encounter），主要指的是服务人员与顾客间面对面的直接交互。该词最早出现在 20 世纪 80 年代初期，Solomon 认为服务接触与服务人员、顾客两个方面有关，双方在接触中扮演着服务过程里的不同角色。例如，在传统的餐饮行业服务中，服务员与顾客的服务接触面较大。服务员接待每一桌顾客，向顾客推荐菜品、记录顾客点菜内容；顾客向服务员询问菜品、折扣优惠等就餐信息，这一系列顾客与服务员之间面对面的直接交互就是服务接触。在这一过程中，服务人员与顾客间直接交互的范围或程度就是服务接触面。

　　服务接触是企业更好地了解顾客的需求、提供更优服务的重要途径，更是顾客评价企业服务质量好坏的直接依据。服务接触的重要性不言而喻，那么这是否意味着服务接触面也是多多益善呢？答案是否定的。在此，我们从服务排队系统响应时间的角度来解释这个问题。服务排队系统响应时间是指服务企业平均服务一位顾客所需花费的时间，如银行普通业务办理窗口服务一位客户的平均时间为 15～20 分钟，即银行普通业务办理服务排队系统响应时间在 15 分钟到 20 分钟的区间范围内。

　　由于服务接触环节有顾客的参与，顾客的行为会对服务计划的推进产生较多不确定性的影响，可能导致服务无法按照计划推进。这就导致了服务接触面越大，服务人员与顾客间的直接交互越多，服务排队系统响应时间越长，企业的服务能力效率越低。在一定程度上，服务接触面与服务排队系统响应时间成正比关系。换个角度来看，我们可以从减少服务接触面着手，提高服务企业的服务性能稼动率。

　　减少服务接触面可以从优化服务排队流程方面着手，而进行服务排队流程优化可以采用分析服务排队流程的常用工具——服务蓝图。服务蓝图是以顾客为中心，以流程化、系统化的核心思想构建的，从顾客的立场出发描述企业提供服务过程的流程图。常见的服务蓝图结构如图 5.3 所示。通过服务蓝图，服务企业可以清晰地梳理为顾客提供了哪些服务、该服务的作用如何、是否可以省略或者可以从哪些方面进行提高。如图 5.4 所示，我们以银行为例进行介绍。

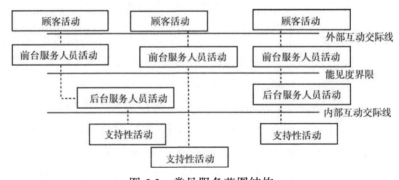

图 5.3　常见服务蓝图结构

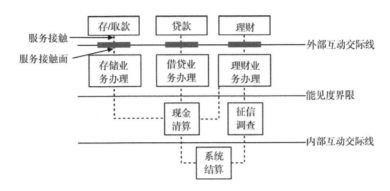

图 5.4　以银行为例的服务蓝图结构

服务蓝图的结构由 4 个区域和 3 条界线组成，其中 4 个区域是指顾客行为、前台服务行为、后台服务行为和支持行为，而 3 条界线是指外部互动交际线、能见度界限、内部互动交际线，具体含义如下[3]。

（1）顾客行为，包括顾客在服务排队系统中的行为活动，如购买、评价服务过程中的咨询、选择、消费等活动。在银行服务排队系统中，顾客常见行为有存款、取款、贷款、汇款、理财等。

（2）前台服务行为，指直接接待顾客和服务顾客的员工行为，是顾客直观可见的活动。在银行服务排队系统中，前台服务行为主要有储蓄、转账汇款等各项基本银行业务办理。

（3）后台服务行为，指间接服务顾客的员工行为，通常是顾客不可见的服务行动。在银行服务排队系统中，后台服务行为有现金清算、征信调查等。

（4）支持行为，指为保障前后台服务正常运行而提供的支持行为活动。

（5）外部互动交际线，是一条划分了顾客行为区域与前台服务行为区域的分界线。穿过外部互动交际线的垂直虚线表明服务人员与顾客间有着面对面的直接交互，即存在服务接触面。

（6）能见度界限，是一条划分了前台服务行为区域与后台服务行为区域之间的分界线。以能见度界限为分水岭，上方区域是顾客可见的区域，下方区域是顾客不可见的区域。

（7）内部互动交际线，是一条划分了后台服务行为区域与支持行为区域之间的分界线，也是服务机构外部服务（顾客服务）与内部服务的分界线。以内部互动交际线为分水岭，上方区域是为顾客服务所产生的活动，下方区域是企业内部运行所需而产生的活动。

服务接触发生在外部互动交际线上，即顾客与前台服务行为区域之间的分界线，如在银行服务排队系统中，顾客前往银行营业大厅进行存款，顾客与银行服务台柜员之间一系列交互而产生的行动就是服务接触。在外部互动交际线上，服务接触过程中两者交互点汇集成了服务接触面。我们可以以"顾客活动"与"前台服务人员活动"的联系为切入点，优化服务排队流程，减少服务接触面。接下来，我们将阐述减少服务接触面的新思路和具体方法。

在数字经济下，互联网技术的蓬勃发展为减少服务接触面，提高企业的服务效率带来了新思路。低效率服务的产生主要源于"顾客活动"与"前台服务人员活动"间直接交互产生的服务接触面增加，从而导致服务时间的延长。我们可以将部分或全部直接交互的服务接触面转化为以网络技术为媒介，以机器设备为载体进行的间接的信息相互传达。例如，在当下的餐饮行业中，顾客无须通过与服务员面对面交流这种直接交互方式进行点菜，只需扫描餐桌上的二维码，在移动端浏览菜品、了解当天折扣优惠，点击所需菜品、加入购物车、一键提交，即可在线下单，静候佳肴，而餐饮企业只需查看点餐系统，即可看到顾客的下单信息，甚至"足不出后厨"就可以立刻为顾客准备菜肴。从面对面交流点单到"足不出后厨"，通过将"顾客活动"与"前台服务人员活动"之间的交互从直接转化为间接，减少了服务接触面，即减少了由于双方接触所需的反应时间，从而避免了不必要的服务排队系统响应时间，大大提高了服务能力效率。因此，对于减少服务接触面，服务企业可以从以下两个方面入手。

1）采用自助服务

企业可以建立网络平台或终端，将流程化、程序性的操作移植到机器上，将顾客与服务人员之间的直接交互转化为顾客与机器设备之间的交互，减少服务接触面，在机器设备上程序化地进行流程操作，从而实现企业服务效率的提高。例如，当前许多政务服务厅设置了自助服务终端，顾客可以直接在终端设备上办理政务业务，根据机器提示一步步进行操作。在"互联网+"环境下，居民在微信或支付宝上也可以自主进行生活缴费；患者应用医院的自主医疗系统可以线上挂号、门诊候诊及自助机缴费等。

2）提高自动化水平

近年来，人工智能的技术进步推动了自动化水平的发展。一方面，自动化技术的普遍应用使人们从重复、无意义的体力劳动中解放出来，如机器人餐厅。新冠疫情对传统餐饮行业的供需造成了重大打击，但也加速了餐饮企业智能化转型的步伐。2020年6月，碧桂园旗下的首家机器人餐厅在广东顺德亮相，该餐厅的服务员、厨师均为机器人，真正达到了"全自动化"，在降低人力资源成本的同时也提升了服务效率。另一方面，自动化技术也可以替代一部分脑力劳动，以节省人们的时间。例如，提供咨询服务的客服机器人，当你在淘宝上看中一件商品，想找店铺的客服沟通时，一开始回复你的通常是人工智能客服，淘宝的客服机器人可以解决你的一些简单问题，当客服机器人无法解决你的问题时，你才能转接到人工客服。客服机器人的存在，对咨询问题的筛选起到了很关键的作用，大大地减轻了淘宝客服的工作负担。

采用自助服务和提高自动化水平以减少服务接触面的一个典型案例就是银行。如图 5.4 所示，在银行没有做出减少服务接触面的努力之前，顾客活动与前台服务人员活动几乎都保持着服务接触，办理存/取款、贷款、理财等业务的顾客与前台服务人员有较大的服务接触面。采用自助服务和应用自动化技术后银行服务蓝图的结构如图 5.5 所示，银行采用自助服务并提高自身自动化水平后，针对存/取款业务的顾客推出 ATM，将往常顾客与柜员间的服务接触面减少为零，同时增加大堂经理为顾客提供咨询服务，对 ATM 不熟悉或者在自助服务中遇到困难的顾客可以向大堂经理寻求帮助。办理理财业务的顾客可以直接在移动端登录相关银行 App，进入相应页面根据系统提示进行理财产品的买入与赎回，将以往的服务接触面减少为零；当遇到困难时，可以点入聊天窗口向客服人员寻求帮助。自助服务与自动化技术的应用使得原本占用大量银行服务排队系统响应时间的服务接触面面积大大减少。

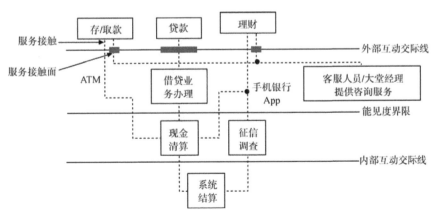

图 5.5　采用自助服务和应用自动化技术后银行服务蓝图的结构

贴士：服务企业可以通过采用自助服务、提高自动化水平等方式减少服务接触面，以避免不必要的服务排队系统响应时间，提高服务效率。需要注意的是，减少服务接触面并不意味着要消除企业与顾客间的直接交互。企业在减少服务接触面的过程中，一方面，需要把握好减少的程度，尤其面对老年顾客群体及新顾客群体时，必要的直接交互是不可或缺的；另一方面，服务接触面的减少意味着顾客参与的比例减少，对于一些服务类型顾客的参与是可以提升顾客的服务感知，带来价值共创的机会。因此，企业需要制定清晰明了的流程框架，使顾客能流畅地进行操作并尽量保持顾客声音的有效传达。

2. 服务分工

在服务企业向顾客提供一项完整服务的过程中，大部分时候都不只是一个服务内容，而是涉及了多项任务。如果能将不同的任务分配给具有相应技能的人员或设备，他们各司其职、各尽其责，那么可以在一定程度上提升现存服务能力的效率。这是因为，一般而言，单一的服务类型有利于服务能力效率的提高，服务企业和顾客都只需要做单一的事情，经过他们的不断学习和熟悉，可以逐步提高服务活动的效率，如在超市和医院急诊的服务系统中，为各个服务员专门设置单独的排队队伍，他们各自负责不同的服务项目，这有助于提高他们的服务效率[4-5]；相反，如果每个服务员或每台设备的职责不明确，一个服务员或设备可能要同时负责几项任务。从人员的角度来看，这会使他们的精力不能集中于其中某一项服务，从而导致服务员对服务内容不熟练，甚至会造成由职责不明确所产生的服务人员懒散问题。从设备的角度来看，设备从一项服务任务转向另一项服务任务时，往往需要对设备进行调整、交接等，会浪费很多时间，即会产生服务转场时间。所以，我们可以看出，员工不熟练、设备转场等会造成服务效率低下，而服务分工可以通过增加有效服务时间在稼动时间中的比例来有效提高服务综合效率中的服务性能稼动率这一指标，从而提高服务排队系统的服务综合效率。

因此，服务企业可以通过服务分工来提升现存服务能力的效率。服务分工就是将服务提供过程中涉及的多项任务分配给特定的人员或设备，为员工培训特定的技能，使他们在一定时期内只负责一项任务。例如，患者到医院就诊，需要经过挂号、就诊、付款、取药四个任务流程，每个任务都会有专门的人员负责（医生负责看病、收银员负责收款等）。服务分工能简化工作内容，使各项任务便于学习和掌握，有利于提高服务效率，但与此同时，服务分工也会造成工作更加单调，使得员工感到枯燥和不满，那么随着时间的推移，员工的消极情绪也会降低整体的服务效率。面对这个问题，服务企业可以安排员工定期进行轮岗，既保证了他们在一定时期内只负责一项任务的高效工作，也能减少他们抱怨重复工作的枯燥乏味的次数。接下来我们将介绍在服务分工中常用的三种策略：服务分类、服务守门人和服务标准化。

　　1）服务分类

　　在进行服务分类来提升现存服务能力的效率时，企业首先要解决如何分工和分配任务的问题，在某些应用情境下，一个策略方法就是将服务分成不同的类别，即将顾客需求进行细分，然后再针对这些细化需求来培训不同技能的服务人员或设置不同功能的服务设施设备，这就是服务分类。例如，医院的医生是分不同科室的，每个科室的医生只负责特定疾病的诊断；城市中大部分楼宇的电梯是分为单双层停靠的，将楼层按单双层分类，每台电梯服务其中一类楼层，这样可以使电梯的停靠次数下降一半，从而提高电梯的运行效率；高速公路分快速车道和慢速车道也是使用服务分类来提高效率的例子。

案例 5.2　　服务分类策略在电梯上的应用

　　我们以电梯为例，利用服务综合效率中的服务时间稼动率这一指标来测算实际中服务分类带来的效率的提高有多少。假设一幢 19 层的大楼，每层 3 米，有两台电梯，电梯运行速度为 1.5 米/秒，到达每一层的顾客需求是均匀的，且去往每个楼层的顾客的到达也是均匀的。每一台电梯都会有一个队列，顾客会均匀分开来排队乘坐电梯。

　　电梯每上升一层楼的时间，即

$$理论平均服务时间 = \frac{层高}{运行速度} = \frac{3}{1.5} = 2（秒）$$

　　每台电梯每一批次有 18 位顾客，若不对电梯服务进行分类，考虑最坏的情况，每个顾客都分别到达不同的楼层，因此每台电梯需要在每一层楼都停靠一次（共 18 次），则对于这批顾客而言，理论平均服务时间为(2+4+⋯+36)/18=19（秒）。然而实际中，电梯每一次停靠约耗费 10 秒，则停靠时间=单次停靠时间×停靠次数。因此该批顾客实际平均服务时间为(2+10)/18+(4+20)/18+⋯+(36+180)/18=114（秒），那么

$$服务性能稼动率 = \frac{理论平均服务时间}{实际平均服务时间} = \frac{19}{114} \approx 0.1667$$

　　同理，若对电梯服务进行分类，每台电梯每一批次还是有 18 位顾客，但其中一台电梯只在单层停靠（共 9 次），每次停靠有 2 位顾客下电梯，另一台电梯只在双层停靠（共 9 次），每次停靠也有 2 位顾客下电梯，每一次的停靠时间为 10 秒，服务次数还是 18 次，那么

$$实际平均服务时间 = [(2+10)+(6+20)+(10+30)+\cdots+(34+90)]/18$$
$$+[(4+10)+(8+20)+(12+30)+\cdots+(36+90)]/18$$
$$= 69 （秒）$$

$$服务性能稼动率 = \frac{理论平均服务时间}{实际平均服务时间} = \frac{19}{69} \approx 0.2753$$

　　我们可以看到，通过服务分类，让电梯分单双层停靠，将电梯服务系统的服务性能稼动率提高了 65.2%，从而显著地提高服务系统的服务综合效率。

　　服务分类虽然能有效地提高服务能力的效率，但也会降低服务的柔性。服务员或服务设备只能服务一种类型的顾客，如果将他们转去服务其他类型的顾客，需要付出很大的时间成本和金钱成本（学习培训等）。此外，在某些应用情境下，企业在服务分类时面临的一个大问题是如何甄别不同类型的顾客，即使能够将顾客进行分类，针对不同类型的顾客提供不同类型的服务，顾客会不会按照企业的服务分类来进行服务选择也是一个问题，即在大多数时候，顾客并不清楚企业的服务分类，或不清楚自己的需求应该匹配哪个服务，甚至顾客有自己的意愿，不希望按照企业的服务分类来选择服务类型，我们将之称为顾客的甄别问题，该问题会导致服务秩序的混乱。一个解决顾客甄别问题的策略就是设置"服务守门人"（service gatekeeper），我们将在下文详细介绍该策略是如何操作的。因此，服务分类的行业应用条件是不同类型的顾客在服务前能快速分开，并且同类顾客的共性要强，也就是说服务企业要能够很容易地将不同类型的顾客分流，这样才能保证企业和顾客都能正确甄别顾客的类型。

　　2）服务守门人

　　在如何甄别顾客的问题上，一般做法是设置"服务守门人"，即安排特定的人员或设备来对到达的顾客进行分类。守门人的概念最早源于传播学理论，当信息或商品沿着某些渠道流动时，"守门人"决定信息或商品是否能进入渠道，或决定是否允许信息或商品在该渠道里继续流动。而在这里，服务

守门人的职责就不再是对信息或商品的流通做选择,而是对顾客类型做甄别,然后指引顾客去往正确的队列或服务台。例如,在人员维度,长隆欢乐世界在快速通道队伍和普通队伍的入口处安排一名检票工作人员,顾客到达后工作人员会甄别他们的类别(VIP 或非 VIP),然后告诉顾客应该去往哪条队伍排队,检票人员就起到了守门人的作用;在设备维度,广州东站的广深城际铁路有一个单独的候车大厅,乘客在进入候车大厅候车时,需要刷身份证入闸,没有买广州到深圳的城轨票的顾客是不能进入该候车大厅的,闸机设备就起到了守门人的作用。服务守门人是企业设置用来正确甄别顾客类型的,与此同时,顾客也可以通过服务守门人来识别不同的服务队列,从而去往正确的服务台获得所需的服务。

如前所述,在实际中,已经有很多服务企业应用"服务守门人"来对顾客进行甄别分类了,然而,设置服务守门人实际上是在服务提供过程中多一个甄别分类的流程,我们知道,服务排队流程的增加会在一定程度上降低一些服务能力的效率,因此企业需要在设置服务守门人时权衡利弊。

在新经济模式下,服务企业可以用新兴技术手段来实现顾客类别的快速甄别,甚至不再需要设置人工的"服务守门人"。在人员维度,AI 技术的发展使得用机器来代替人力成为一种可能。例如,当顾客拨打运营商咨询电话时,接听的不再是人工客服,而是 AI 客服,它们可以和顾客进行对话,识别顾客的问题,对于简单的问题,AI 客服可以直接帮助顾客解决,对于复杂的问题,AI 客服识别之后再通过系统转给人工客服。在设备维度,物联网和大数据的应用使得服务企业可以快速准确地制定更加多样的分类方法。以电梯为例,对于几十层的大厦,简单地分单双层还不足以提高电梯的运行效率,可能需要对高低层、单双层相结合来分类,或者针对需求比较大的楼层增设专门的电梯,那么如何计算效率最大化的分类方式和顾客如何识别电梯类别就成了一个很大的问题,企业可以利用物联网拿到电梯运行的数据,通过计算机来实现电梯的分工分类,并在电梯等候区的入口设置一个闸机,顾客可以输入想去的楼层,然后闸机会根据当前电梯运行的数据自动分配并告诉顾客要去乘坐哪一部电梯。除此之外,自动驾驶技术的发展使得司机在驾驶时不再需要对路线进行规划,在高速公路上行驶时也不需要甄别应该去哪条车道、在哪个闸口驶入驶出等,这些甄别工作都由智能技术取代了。

案例 5.3　　我国的分级诊疗系统

近年来，我国逐渐步入人口老龄化社会，民众对优质的医疗服务和资源的需求日益增加，"看病难"一直是困扰政府、医疗机构和患者的国计民生问题。新医改实施以来，我国医疗服务水平不断提高，但"看病难"的问题并没有从根本上缓解，"大医院人满为患，基层医疗机构门可罗雀"的现象仍普遍存在[6]。

分级诊疗制度是解决医疗资源配置问题的有效途径。我国于 2006 年开始实施分级诊疗制度，但是实施效果一般。根据《2016 年我国卫生和计划生育事业发展统计公报》的数据，全国医疗卫生机构的总诊疗人次逐年增加，但增长率已趋于稳定。在 2016 年综合医院门诊量占门诊总量的比重由 2015 年的 40.0%提高到 41.2%，说明越来越多的患者看病首先选择去大型医院而不是基层医疗机构；基层医疗机构门诊量所占比重由 2015 年的 56.4%下降到 2016 年的 55.1%，基层就医的比重下降，患者基层首诊率依旧不高，说明分级诊疗制度还未充分发挥其作用，反映了分级诊疗制度实施阻力大和效果仍然不佳[7]。

目前，在我国的分级诊疗制度下，优质的医疗资源大多集中在大型综合医院，大型综合医院昂贵的医疗资源通常被浪费在常见病的治疗上，而社区医院的医疗资源大多处于闲置状态[6]。民众患病后，一般直接去大型综合医院就诊，而不是去社区医院，这导致大型综合医院医疗资源紧张，出现"挂号难、看病难"问题。

我国分级诊疗制度实施过程中最大的一个问题就是患者基层首诊率不高。大多数就诊群体看病首选大医院，以致出现大医院人满为患，基层医院人员稀少的现象，使得分级诊疗制度实施困难[7]。出现这种现象的原因就是不同类型的患者在服务前不能快速分开，即患者自身不能够甄别该去基层医院还是综合医院（他们没有诊断自身健康状况的能力），也没有一个医疗机构系统可以快速甄别患者的类型，又或者是患者知道患病不严重的时候可以去社区医院，但他们担心社区医院的医疗资源不如综合医院好，所以他们无论大病小病都选择去综合医院。

因此，我国的分级诊疗制度还处于不成熟阶段，各省各地区的诊疗标准不一，转诊系统非常混乱。由于双向转诊政策不明，在整个医疗体系上缺乏统一的标准，患者是否进行转诊缺乏一个合理的规章制度，基本上靠主治医师的主观判断，容易造成不规范的医疗行为[8]。

　　面对我国基层首诊率不高、转诊标准缺失的问题，一大对策就是设置"服务守门人"，即家庭医生，以便给患者分类分流。在这种模式下，所有患者首先会到家庭医生那里进行首诊，家庭医生再根据患者情况决定是否向上级专科医院进行转诊，患者在专科医院进行治疗后，又可以根据医生建议向下转诊，进行后续较为简单的康复治疗。家庭医生充当了守门人的角色，对患者进行分类，以便提供更合适的服务，解决了不同类型顾客在服务前不能快速分开的问题，并且使得社区医疗资源得到更充分的利用，缓解了综合医院的服务压力。

案例 5.4　广州机场高速延长专用车道分流失败

　　自广州白云国际机场启用后，机场高速的交通量日益增多。尤其乐广高速开通以后，机场高速成为广州市区往返乐广高速的较便捷的通道之一，导致机场高速车流量剧增，逐渐出现了明显的交通拥堵现象。

　　为了保障去往机场的车辆交通畅通，2017 年 11 月 13 日，广州交通投资集团有限公司在广州公共资源交易中心发出了"广州机场高速公路高清化改造工程施工招标公告"[9]。根据招标公告，相关部门拟将现有的机场高速中市区与机场间的往返专用车道进行延长，以解决由各种原因，特别是国庆、春节、清明等假期期间机场高速的拥堵导致大批旅客误机的情况。专用道其实就是服务分类策略的一个应用，把车流量分为去往机场方向和去往乐广高速方向。

　　自专用道实施以来，出现了很多司机走错车道和的士司机不愿意走专用车道的问题，广州机场高速延长专用车道最终被关闭停止使用，此次服务分类策略的实施以失败告终。

　　此次分流失败的第一个原因是类型的司机在服务前不能够快速分开。广州机场高速延长专用车道缺少"服务守门人"，很多想要去乐广高速的司机并不知道这条路专通机场高速，从而使得他们走错路。因此，解决办法是在广州机场高速延长专用车道入口设置闸机，只有去机场的车才能够进入专用车道，从而起到一个甄别的作用。第二个原因是同类顾客的共性不强。广州机场高速延长专用车道只有一个通道，有些车辆行驶速度快，而有些车辆行驶速度慢，即同类顾客的共性不强，那么行驶快的车辆就会被迫降速跟随行驶速度慢的车辆。这种现象导致的士司机不愿意走专用车道。解决办法是广州机场高速延长专用车道需要设置两条通道，一条快车道，一条慢车道，这样司机就可以根据自身的行驶速度选择道路，减少堵塞的情况发生。

3）服务标准化

在服务分工过程中，利用服务分类和设置服务守门人等方法对服务进行分工分类后，一套完整的服务排队流程就被分成了各项任务，如前所述，这些任务的顾客和服务内容共性很强，因此服务企业可以对它们进行标准化来提高服务效率。在实际应用中，除了如何对服务进行分工分类外，服务企业面临的另一个问题就是各项服务活动的标准化程度不够高，即企业在提供服务的过程中没有一个统一的规范，对服务时间长短、使用何种设施设备、服务人员如何操作设备、按照怎样的流程来提供服务等都没有硬性的规定，从而导致服务排队系统服务能力的效率低下。因此，服务企业需要对它们所提供的服务制定一系列的标准，即服务标准化。

服务标准化的对象是服务活动，其研究范围包括国民经济行业中的所有服务活动。服务标准化工作的开展，可以规范各服务行业市场秩序、提高服务质量、增强服务企业的核心竞争力[10]。因此，对服务企业来说，制定并实施服务标准、应用服务标准化的原则和方法是实现其服务质量目标的有效途径，从而确保客户获得高质量的服务，提升现存服务能力的效率。服务标准化在现代服务业的技术创新中起着重要作用，是区分现代服务业和传统服务业的重要特征。

服务标准化可以从不同的角度和层面细化进行，主要有以下两个方面[11]。一是服务排队流程层面，即服务的传递系统，要求服务提供者向顾客提供满足其需求的各个有序服务步骤。例如，患者到医院看病，一般需要经过挂号、就诊、付款、取药四个环节，医院需对每个环节的服务人员进行标准化培训，保证整个服务排队流程的流畅性，提高服务排队系统提供的服务效率。二是具体服务层面，即在各个服务环节中人性的一面，要求在一次服务接触中，服务人员所展现出来的仪表、语言、态度和行为等符合服务标准。例如，航空公司要求空乘人员统一着装、面带微笑、态度友好等。

服务排队流程层面的标准化可以提高企业提供服务的效率，而具体服务层面的标准化主要可以提高顾客的满意度。因此，若服务企业想要提高现存服务能力的效率，可以考虑对服务排队流程进行标准化。

贴士：服务企业可以通过服务分类来提升现存服务能力的效率。对于需求比较稳定或各项任务专业性较高（医院就诊服务，银行金融服务，律师事务所服务等）的服务内容，比较适合用服务分类来提高效率。在采用服务分类策略时，首先要对服务进行分类，需要注意不同类型的顾客在服务前能快速分开，并且同类顾客的共性要强；设置服务守门人可以帮助企业和顾客自身快速甄别不同类型的顾客；在对服务进行分类后，这些任务的顾客和服务内容共性很强，因此服务企业可以对它们进行标准化来提高服务效率。

3. 增加服务柔性

上文我们介绍了可以通过服务分类的策略来提高现存服务能力的效率，但该方式也存在一定的局限性，并不适用于所有服务场景或企业。下面我们先通过一个例子来看服务分类的局限性。

A 公司是一家专做国内航空业务的航空公司，早在多年前就开通了热线电话接收顾客的意见与投诉，开始时仅有五名使用普通话的客服人员为顾客提供服务，但 A 公司经过一段时间的发展，发现电话中顾客使用的语言并不全是普通话，这导致客服人员经常听不懂顾客的意见与投诉。于是按照服务分类策略的思想，分别设置了使用普通话、粤语、吴语、闽南语、客家话的客服人员，以接待使用不同方言的顾客。

之后，A 公司发现热线电话处理顾客意见和投诉的效率明显提高了，但近年来随着 A 公司向国际航空业务拓展，A 公司市场会收到更多使用不同语言的电话，如西班牙语、俄语、阿拉伯语等，这就让 A 公司犯难了：如果还按照之前的做法，为每一种语言设置不同的客服人员，全世界的语言有6000 多种，主要语言也有四五十种，客服人员的数量需要翻好几番，而且不同语言需要处理的平均意见与投诉量是不同的，往往一些客服人员非常闲，另一些客服人员需要加班。

从上述例子可以看出，通过服务分类策略提高服务性能稼动率并不适用于所有企业，面对拥有多种类、小批量服务需求的企业，过度采用服务分类策略会导致供需无法匹配的问题，通常表现为员工人数冗余，部分员工空闲时间过长，同时企业也需要耗费较多精力对顾客进行分类。这时，企业需要从不同的角度来研究如何提高服务综合效率，而增加服务柔性就是其中一种有效策略。

增加服务柔性就是企业通过提高不同类型服务的反应能力，从而提高时间稼动率，进而提高服务综合效率的方式。它很好地弥补了服务分类策略在多种类、小批量服务情况下的缺陷，有助于企业快速适应需求的不确定性，降低需求变化带来的损失，增加企业供给的灵活性，从而提升企业在不断变化的服务需求市场中的适应性与竞争力。

企业在实际操作中，可以通过多样的策略增加服务柔性。在员工维度上，服务企业可以考虑培训多技能员工来增加服务柔性。培训多技能员工是指让员工掌握执行多项工作任务的能力并且赋予他们一定的权利，从而在某项任务人手短缺的时候可以随时进行人员调动，以提高该项任务需求高峰时的服务能力。例如，在餐厅上菜繁忙的时候，结账收款人员也可以去帮忙做上菜、服务等工作；当超市收银台的队伍排得很长时，管理人员可以调动仓库的码货人员去收银台结账。培训多技能员工可以让员工收获更多的技能，减少由重复工作导致的枯燥，也有利于服务企业合理调配员工，发挥员工的长处，提高服务企业的服务柔性，但同时，员工需要学习多种多样的技能来保证服务的柔性，相对于只专注于一项服务技能的员工，这些多技能的员工的服务效率会更低一些，企业也会因培训多技能员工而付出更多的培训成本，企业也必须做好调度以防止员工产生混乱感。在设施设备维度上，服务企业可以考虑设计多功能服务设施设备来增加服务柔性。例如，有些公路近年来规划了"潮汐车道"，在非高峰期汽车可由该车道正向行驶，而在高峰期，该车道则提供给逆向行驶的车辆。可以发现，增加服务柔性可以减少支出，提高资源利用率，但同时，企业需要设置足够详细的服务说明，避免顾客出现理解障碍。

> 贴士：增加服务柔性适用于员工、设备等资源的调动较为容易的企业，企业在提供多样化且需求波动较大的服务时，就要考虑提高服务柔性来提升现存服务能力的效率，如通过培训多技能员工来增加服务的柔性，或研发应用适应多类服务的设施设备。

4. 综合策略：服务模块化

不难看出，服务分类策略和服务柔性策略是两种截然相反的策略。因为它们各自代表着效率与柔性的观点，无论是在传统的生产方式还是现代的服务提供过程中，效率和柔性总是表现为矛盾的双方。一般来说，当服务效率高时，其柔性会比较差；提高柔性又会使得服务效率下降。因此，对于大多数企业来说，都需要思考如何平衡增加服务柔性和实行服务分类策略之间的矛盾，要做到在增加服务柔性的同时，也要在一定程度上进行服务分类，确保服务效率。针对这一问题，很多企业开始探索采用服务模块化方式。

　　模块化的思想最早源于制造业，产品模块化设计通过对不同模块的组合来生产出不同功能、不同特性的产品，从而实现以有限资源生产出尽可能多的产品品种。将这一思想应用于服务业，服务的模块化是指企业将服务流程划分为几个独立模块，每个模块都具有多个同类型的子服务流程，顾客可以自由选择组合某些子服务流程，得到定制化的服务。服务模块化适用于服务流程可分的企业，在各个流程设置不同的选项，使顾客获得了一定的选择权，一定程度上增加企业的服务柔性，但又同时保证了服务效率。例如，美国环球航空公司格特威假日有限公司开设的定制旅游服务，顾客可以自由选择飞机座位、酒店房间、汽车租赁及娱乐项目等，这些项目是公司事先与一定数量的酒店、租赁公司等合作企业展开谈判而获得的。具体到各个项目内容的制定，以酒店为例，格特威假日有限公司同时与多家同星级的酒店签订大规模订购协议，顾客可以在格特威假日有限公司合作的多家同星级的酒店中，自由选择一家入住。相对于为每个旅游路线单独找酒店，这样长期的合作无疑节省了格特威假日有限公司的成本。同时，企业能迅速响应顾客设计的旅程，顾客也有了更大的选择空间，从而提升了满意度[8]。

> 　　贴士：服务模块化是一种平衡效率与柔性的综合策略，它适用于服务流程由若干个独立的子服务流程组成的企业，如旅游公司提供的旅游服务就由出行服务、酒店服务、娱乐服务等项目组成。对企业来说，它们需要权衡利弊，在尽量满足顾客多样化需求的同时，控制成本，训练员工适应多样化的服务流程。

5.3　扩大服务能力

　　对于一个市场需求在不断增加，或高低峰期需求差异较大的服务企业，仅仅通过依靠服务能力本身的弹性和提高服务能力效率的方法是远远不能满足顾客需求的，这时企业就要考虑通过各种方法去扩大服务能力，传统的扩大服务能力的方法主要是增加服务资源的数量，如增加服务人员数量、增加设施设备数量等。一般来说，由于金钱成本和时间成本的限制，企业的服务资源数量往往不能在短期内随意地随着顾客需求的变化而变化，因此扩大服务能力存在一定的瓶颈因素，我们总结了以下两条受限因素，并提供了一些解决办法。

5.3.1　扩大服务能力存在的瓶颈因素

1. 服务资源的刚性带来的不经济性

大多数企业都会面临顾客需求的高峰期和低峰期，高峰期时顾客的需求量较大，因此服务企业应该增加服务资源的数量，而低峰期时顾客的需求量较小，服务企业应该减少服务资源的数量，但在实际操作中服务企业往往不能如此灵活地调节服务资源的数量，而是受限于服务资源的刚性。例如，为了迎合高峰期时暴涨的需求，服务企业通过招聘的方式增加了服务人员的数量，若增加的是长期员工的数量，企业与这些员工必须要签订劳动合同，在高峰期过后，服务企业往往不能与之解除雇佣关系，而此时顾客需求已经下降，服务资源数量却"迟迟下不来"，就会造成服务资源的浪费，服务企业也要付出很高的人力成本。

除人力资源以外，设施、设备也是决定企业服务能力的重要服务资源，同理，通过增加设施、设备的数量来扩大服务能力也会带来不经济性，因为高峰期过后，新增的服务资源会被闲置。因此，大部分服务企业会面临着服务资源"上调容易，下调难"的问题，即服务资源的刚性，会导致人力成本高、服务资源浪费等结果，是服务企业扩大服务能力的主要制约因素之一。

2. 服务供给与顾客需求匹配不及时

服务业与制造业最不同的一点是服务的及时性，服务不能像产品一样被储存起来，而服务企业经营成功的关键就是快速地匹配服务供给和顾客需求，因此服务供给应该随顾客需求的增减而增减，但顾客的需求变化往往难以预测，且需求常常在变化，而由于信息不互通、资源没有共享等因素的限制，企业增加服务供给的速度很慢，导致企业的服务供给变化速度跟不上需求变化速度，服务的供需无法快速匹配，交易难以及时被撮合。例如，人力市场上有大批闲置的兼职员工，服务企业也有大量的临时用工需求，但是由于信息无法共享，或信息的流通速度慢，供需双方无法快速匹配，造成了服务企业找不到员工，人力市场上的闲置工人找不到工作的两大困境。因此，我们认为服务供给与顾客需求匹配不及时也是制约企业扩大服务能力的重要因素之一。

综上，对于人力资源、设施、设备这类服务资源，如果服务企业花费大量的成本以扩大长期服务能力，如雇用长期员工、购买设备等，那么服务资源的刚性会造成服务资源在低峰期时的闲置和浪费；如果服务企业通过增加临时服务资源的数量来扩大服务能力，如雇用兼职员工、租用设备等，那么供需匹配不及时等原因会导致服务企业在短期内很难找到适合的服务资源，并且每面临一次高峰期，企业都需要从零开始寻找临时服务资源，周而复始，这也是一种很不经济的做法。针对这两个制约服务企业扩大服务能力的瓶颈因素，我们提出了社会化服务资源的解决方案。

5.3.2　解决方法：社会化服务资源

在介绍社会化服务资源之前，我们先简单回顾一下表 5.1 中介绍的共享经济，共享经济是指拥有闲置资源的机构或个人有偿将资源的使用权转让给他人，即社会中的分享者通过分享闲置资源来创造价值[1]。因此，如图 5.6 所示，共享经济的本质就是物品的所有权与使用权分离，拥有闲置物品的企业或个人作为供给方，借助信息化的平台，以有偿的方式将物品的使用权便捷地出让给有需求的企业或个人[12]。

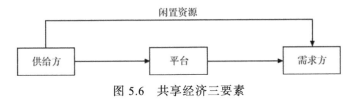

图 5.6　共享经济三要素

共享经济利用互联网现代信息技术，将海量的闲置资源整合起来，并将其与市场上的海量需求进行高效按需匹配，既提高了资源的利用率，也满足了多样化的经济需求。例如，在新冠疫情期间，居家隔离导致人们对餐饮这类传统服务的需求剧减，以至于传统服务的员工成了闲置资源，而生鲜电商行业的生意却异常火爆，这类企业有大量的用工需求，于是基于共享经济的理念，共享员工就出现了，餐饮服务的员工在疫情期间去生鲜电商企业工作，餐饮服务复业之后这些员工便回到原来的企业，生鲜电商企业拥有共享员工的使用权，而所有权归于餐饮服务企业，这种用工方式也被称作社会化用工，既提高了服务人员的利用率，也降低了服务企业的用人成本，最重要的是解决了服务企业高峰期服务人员不足的问题。

我们再来回忆一下企业扩大服务能力的瓶颈因素，一是扩大长期服务能力会导致服务资源的闲置和浪费，二是扩大短期服务能力的供需匹配响应不及时的问题。然而，在当今的社会中，各行各业存在大量的闲置资源，这是共享经济近年来如此成功的原因之一，因为它盘活了社会上的闲置资源。服务企业也不例外，有些服务企业存在大量的闲置资源，如服务人员及提供服务的设施、设备等，而有的服务企业则急需这些服务资源，借助共享理念，为消除服务企业扩大服务能力的瓶颈因素，我们提出了社会化服务资源的概念。

社会化服务资源是指社会上的闲置服务资源形成一个服务资源池，该资源池为服务企业提供服务支持，除部分企业自有的服务资源之外，企业的服务资源均来源于服务资源池，企业具有服务资源的使用权，而可以不拥有它的所有权。如图 5.7 所示，在传统的服务企业中，各个企业拥有自己的服务资源，具有服务资源的所有权和使用权，一般不会对服务资源进行转让，企业与企业之间服务资源不能流通，如麦当劳雇用的长期员工及其购买的服务设施；而在社会化服务资源的理念下，闲置的服务资源形成一个很大的服务资源池，各服务企业从服务资源池中各取所需。

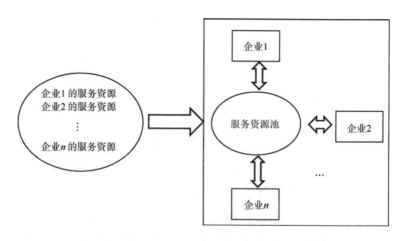

图 5.7　社会化服务资源示意图

各个企业只需具备少量必需的、专业化的服务资源，其余的服务资源均来源于社会中闲置的服务资源，企业只具有这些服务资源的使用权而不具备所有权，在企业使用完社会服务资源之后，这些资源仍旧回到服务资源池中，供其他企业使用，以达到盘活社会闲置服务资源、降低资源使用成本、提高资源利用率等目的，如共享员工、众包模式等。

服务企业在使用社会化服务资源时，主要有两种不同的模式，即两种配置闲置服务资源的方法，一种是服务企业作为连接供需双方的信息化平台，企业本身不拥有服务资源，而是促进供需快速匹配，如美团、爱彼迎、春雨医生等；另一种是服务企业本身拥有少量的服务资源，在高峰期需要扩大服务能力时，通过一些中间平台与社会上的闲置服务资源快速匹配，如外包、众包、企业与企业之间共享闲置服务资源等。接下来我们将为大家一一介绍这两种模式的内涵和应用场景。

1. 服务企业作为信息化平台促进供需双方迅速匹配

如图 5.8 所示，在该模式下，服务企业不具备任何服务资源，而是作为中间的信息化平台，以匹配供需双方的服务资源，促使供给方直接为需求方提供服务。市场上存在大量的闲置服务资源，也存在海量的个性化服务需求，服务企业作为连接服务供给方和需求方的信息化平台，其主要作用就是促进服务供需的快速匹配，整合社会上的闲置服务资源来为有服务需求的顾客提供服务。采用这种模式的服务企业主要是新兴移动互联网和 AI 技术等驱动的共享经济平台，如在线问诊平台、网约车平台、直播平台、即时物流平台（外卖平台）等。

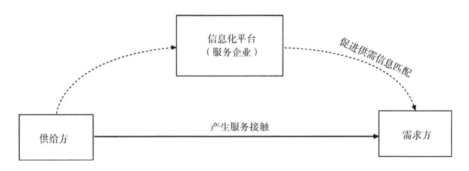

图 5.8　模式一

一方面，由于服务企业只是作为中间平台匹配服务供需，自身不需花费成本去拥有服务资源，因此能有效降低运营成本，可实现低风险、轻资产运营。例如，曹操出行公司的服务人员（司机）和设施设备（车辆）均是来源于社会中的个人，作为需求方的顾客在曹操出行的平台提交出行需求，具有空闲时间和闲置车辆的个人可以通过平台接单，直接为顾客提供出行服务，在这种情况下，曹操出行公司与司机之间不是传统的雇佣关系，而是"风险共担，利益共享"的平等合作关系，平台不需要为司机缴纳五险一金，也没有权利要求司机必须要接单，对司机上班的时长也不做约束，而是鼓励司机主动接单，采用收益分成、多劳多得的激励形式，司机的工资是按劳动结果付费的，司机接的单越多，平台和司机获得的收益就越多。因此，这种模式所需的人力、物力成本低，尤其是固定成本。企业可以实现轻资产运营，也可以降低运营风险，如在新冠疫情期间，面对顾客需求的急剧下降，采用这种模式的服务企业无须给供给方支付相关费用，其资金压力小，只需要继续维护好线上平台。另一方面，这种模式的供给方来源广泛，能够提供多样化的服务和产品以满足顾客的个性化需求。例如，爱彼迎民宿，与传统的酒店相比，爱彼迎整合了市场上的闲置房源，这些房源构成了多样化的民宿供给，为旅客提供了更多样化、更个性化的选择。

此外，服务企业只是作为连接服务资源供给方和需求方的信息化平台，不直接为顾客提供服务，所以服务接触面是服务资源供给方与需求方，而非服务企业与需求方，因此供给方的服务质量难以得到监管和保障，如曹操出行公司提出了多条规范网约车司机服务和行为的规章制度，但近年来也发生了多起网约车安全事故。同时，由于企业自身不拥有服务资源，服务供给高度依赖于市场上的闲置资源规模和供给方的供给意愿，因此"服务数量"也得不到保障，当闲置资源规模和供给方的供给意愿降低时，服务企业可能会面对供不应求的问题。

2. 服务企业利用信息化平台配置闲置服务资源

如图 5.9 所示，服务企业借助信息化平台去获取服务资源以扩大自身的服务能力，这些闲置的服务资源可能来源于同类服务企业，也可能来源于社会中的个人，中间的信息化平台快速匹配服务资源的供给和需求，可在短时间内扩大服务企业的服务能力，以此来应对高峰期需求。服务企业拥有这些服务资源的使用权，可利用这些服务资源为顾客提供服务，所以依旧是服务企业与顾客之间产生服务接触。

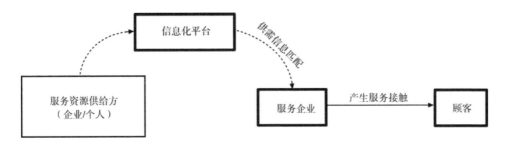

图 5.9　模式二

在这种模式下，更多的是企业与企业之间共享闲置的服务资源，包括人力资源和设施设备等。由于顾客需求的随机性，服务企业均会面临在高峰期服务资源不足和在低峰期服务资源闲置的问题，对于具有共性或专业化程度不高的服务资源来说，服务企业可以依靠互联网平台，实现企业与企业之间"各取所需"，达到提高服务资源利用率、降低服务资源成本及互利共赢的目的。我们在前文提到的"共享员工"正是应用了这个理念，其本质是利用所有权和使用权的分离，实现了以较低的人力雇佣成本柔性地增加了企业高峰期的服务人员数量。值得一提的是，外包也是这种模式的实际应用场景之一，外包的主张是"让专业的人干专业的事"，企业通过雇用外部人员来提供专业化的服务。当企业服务人员不足，或企业现有的服务资源不足以支撑企业为顾客提供服务时，企业可以采用外包的方式，充分利用外部的服务资源来扩大自己的服务能力。

除此之外，众包和零工经济也是这种模式的实际应用场景，在这两种情况下，服务资源大多数是由个人来提供，当然众包中的服务资源供给方也可以是企业，这时的众包和外包较相似。当服务企业的服务人员不足时，可以将本应由自有员工完成的工作任务，以自愿的形式外包给大型的大众网络，同时也可以通过互联网平台快速招聘短期临时工。

猪八戒网就是众包平台的典型例子，该网站为企业用户提供服务交易平台，交易的服务品类包括 LOGO 制作、创意设计、文案策划等，如图 5.10 所示，需求端的企业作为发包方，将工作任务通过猪八戒网对外发布，供给端的个人或服务企业作为接包方，为发包方提供服务，这种众包模式能解决企业服务资源不足的问题，同时也达到了扩大企业服务能力的目的。

对于零工模式，以前存在着劳动市场上的闲置劳动力与服务企业的即时需求供需不匹配的问题，而现如今，随着互联网平台、人工智能、大数据等信息技术的发展和应用，大规模的空闲劳动者与服务企业的即时需求有了迅

图 5.10　众包平台

速匹配的基本条件，限制企业扩大服务能力的瓶颈便不攻自破，如斗米兼职、兼职猫等，这些信息化平台促进了零工模式的规模化效应，能以很低的成本提升服务企业寻找短期服务人员的速度。但并不是所有的岗位都可以通过雇用临时工来扩大服务能力，只有对服务人员的专业化程度要求较低的岗位才适合采用零工模式，这些岗位的员工经简单培训之后便可上岗工作。

如表 5.5 所示，我们总结了社会化服务资源的两种配置闲置服务资源的模式，当市场上有海量未被满足的需求和闲置的服务资源时，服务企业可以搭建自身的信息化平台，以促进供需匹配，实现低风险、轻资产运营；而对于传统的服务企业来说，自身拥有部分服务资源，高峰期服务能力不足时就可采用模式二，借助外包、众包或零工经济等信息化平台，以较低的时间和经济成本柔性地扩大己方服务能力。

表 5.5　两种模式应用场景

模式	信息化平台	服务接触	应用场景
模式一	搭建	否	在线问诊平台（春雨医生、好大夫在线） 网约车平台（曹操出行、Uber） 直播平台（虎牙、斗鱼） 即时物流平台（美团、点我达）
模式二	借助	是	外包、众包平台（猪八戒网、时间财富网） 零工经济（斗米兼职、兼职猫）

贴士：服务企业在扩大其服务能力时，为了避免出现由服务资源的刚性所带来的不经济性和服务供需匹配速度不平衡的问题，应该综合考虑自己的实施条件，积极采用社会化用工和共享资源的方式。在灵活增加服务人员方面，可以采用社会化用工，将员工的雇用与使用相分离，降低人力成本；在灵活增加设施、设备的数量方面，服务企业可以基于共享理念，实现服务资源的使用权与所有权相分离，减少对服务资源的投入成本，灵活扩大服务能力，实现服务资源"上调、下调都容易"的美好愿景。

参 考 文 献

[1] Felson M，Spaeth J L. Community structure and collaborative consumption：a routine activity approach[J]. American Behavioral Scientist，1978，21（4）：614-624.

[2] 赵昌文. 高度重视平台经济健康发展[J]. 山东经济战略研究，2019，（8）：50-52，2.

[3] 冯俊，高溢培，王静，等. 基于服务蓝图的服务质量提升研究——以燕莎奥特莱斯为例[J]. 中国商贸，2013，（20）：24-26，29.

[4] Wang J，Zhou Y. Impact of queue configuration on service time：evidence from a supermarket[J]. Management Science，2017，64（7）：2973-3468.

[5] Song H，Tucker A L，Murrell K L. The diseconomies of queue pooling：an empirical investigation of emergency department length of stay[J]. Management Science，2015，61（12）：2852-3096.

[6] 周玉林. 分级诊疗制度下社区医院医疗资源优化配置研究[D]. 广州：华南理工大学，2018.

[7] 杜瑶，贾慧萍，陈在余. 我国分级诊疗制度的现状与对策分析[J]. 中国药物经济学，2018，13（6）：22-25，36.

[8] 李珊珊，黄滢. 分级诊疗的本质、制度性障碍与对策建议[J]. 中国卫生经济，2016，35（12）：40-43.

[9] 广州市交通运输局. 广州机场高速公路高清化改造工程施工招标公告[EB/OL]. http://jtj. gz. gov.cn/zwgg/ywgg/jsxm/2017n/content/post_4369947.html[2017-11-13].

[10] 白丽娜. 转制后的莆田农商银行服务标准化建设研究[D]. 兰州：兰州理工大学，2013.

[11] 王艳芝. 浅议服务标准化[J]. 合作经济与科技，2007，（2）：24-25.

[12] 张鹏，夏蓓. 共享经济视角下企业共享模式的分析与选择研究[J]. 管理现代化，2020，40（6）：53-56.

第6章　顾客等待心理学与服务者行为科学

在前面的章节中，我们阐述了顾客需求管理和企业服务能力调节的内容，旨在从根源上对排队现象进行管理，但在实际生活中，供需匹配受到很多因素的限制，面临着较高的不确定性，因此排队总是难以避免的，当系统出现排队时，企业除了要设置合理的排队规则之外，还需要对顾客的等待心理和服务者的行为心理进行管理。

排队现象是服务供给小于需求所导致的结果，所以减轻排队严重程度的最直观的办法就是增加服务供给量，而在不考虑经济成本的理想情况下，一味地增加服务能力，有时会造成截然相反的效果。例如，提高某条交通网络的通行能力反而会使整个交通网络更拥挤；提高服务者的供给能力反而会使排队现象更严重。这种适得其反的效果是因为没有考虑顾客和服务者的行为特征。

在顾客行为方面，由于顾客在排队等待中的行为决策大多是受其心理影响的，我们需要关注顾客的排队等待心理；在服务者行为方面，为提高服务排队系统的效率，减轻排队严重程度，服务企业需关注服务者在提供服务时的心理行为，本章将从这两个方面来阐述顾客排队等待心理学和服务者行为科学的内容。下面我们先通过两个案例来看一下顾客行为和服务者行为究竟会对服务排队系统的排队管理带来哪些影响。

案例 6.1　布雷斯悖论（Braess's paradox）

布雷斯悖论是德国数学家 Dietrich Braess（迪特里希·布雷斯）在 1968年提出的一个悖论，它是指在一个交通网络上增加一条路线，或提高某个路段的局部通行能力，反而会使该交通网络上的通行时间增加的一种现象。按照常理来说，新增路段或提高交通网络的局部通行能力可以缓解交通拥挤现象，然而与常识相反，有可能导致拥堵更为严重的现象，因此被称为悖论。下面我们将通过一个简单的例子来直观地理解布雷斯悖论。

考虑图 6.1 中的交通网络，此时 A 点和 B 点之间不存在通路（即交通网络上只有 4 条路），其中从起点到 A 点的路段我们用一个 $M/M/1$ 排队系统来刻画，因此其通行时间=从 B 点到终点的通行时间=$1/(\mu-\lambda)$，μ 表示平均服务率，即单位时间内的通行车辆数量，λ 表示车流量或到达率，即单位时间平均到达服务排队系统的车辆数量，易知车辆的通行时间与平均服务率成反比，即平均服务率越大，通行时间越短，而通行时间与车流量成正比，即车流量越大，通行时间越长。

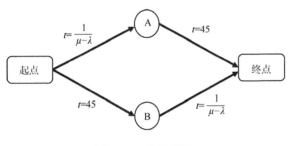

图 6.1　交通网络

设从起点到 B 点和从 A 点到终点的通行时间均为固定的 45 分钟，需要通过该交通网络的车辆总到达率为 $\lambda^T = \dfrac{2}{40}$ 辆/分钟。起点—A 点和 B 点—终点两条路段的平均服务率相等，都为 $\mu = \dfrac{3}{40}$ 辆/分钟，则此时路线 1（起点—A 点—终点）和路线 2（起点—B 点—终点）是无差异的，故会有一半人选择路线 1 通行，而另一半人选择路线 2 通行，每一条路的车辆到达率 $\lambda = \dfrac{1}{40}$ 辆/分钟，那么起点—A 点和 B 点—终点两条路段的通行时间都为：$t = \dfrac{1}{\mu-\lambda} = 20$ 分钟。因此，路线 1 的通行时间=路线 2 的通行时间=20+45=65 分钟。

如图 6.2 所示，现假设 A 点和 B 点之间存在一条近路（如虚线所示），其通行时间接近于 0，假设当所有的司机都选择从起点到 A 点这条路线时，所需的等待时间为 $t = \dfrac{1}{\mu - \lambda^T} = 40 < 45$ 分钟，则此时从起点到 A 点为每个司机的最优选择路线。在到达 A 点之后，同理，所有司机都会选择用接近 0 的时间行驶到 B 点再到终点，在这种情况下，所有司机选择的行驶路线为：起点—A 点—B 点—终点。在行驶路线上的车流量为总的车流量，即车辆总到达率

为 $\lambda^T = \dfrac{2}{40}$ 辆/分钟，该路线所需的通行时间为 $t=2\times\dfrac{1}{\mu-\lambda^T}=2\times\dfrac{1}{3/40-2/40}$ =80分钟，比 A 点和 B 点之间不存在近路时还多了 15 分钟。如果大家都约定好不走近路，则可以节约 15 分钟的时间，但由于单个司机总是能从抄近道上获益，所以这种约定是不稳定的，于是布雷斯悖论便产生了[1]。

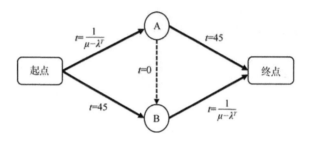

图 6.2　新增路段后的交通网络

布雷斯悖论是由顾客在排队等待中的个人行为而导致的一种现象，按理来说，增加某路段的通行能力可以有效地减少交通延误，但顾客的个人选择导致了通行时间不减反增的现象产生。由此可见，顾客的行为是服务企业应该掌握的特征之一，服务企业应该根据顾客的行为特征去设计服务排队系统，以避免发生"出力不讨好"的布雷斯悖论现象。

案例 6.2　　萨伊定律（Say's law）

萨伊定律的核心思想是"供给创造其自身的需求"。萨伊并非最早提出该定律内容的人，真正提出相关概念的是英国的经济学家、历史学家詹姆斯·穆勒[2]。他认为生产、分配、交换只是手段，谁也不为生产而生产，即一切生产活动都是为了消费，人们为了获取自己所需要的物品，必须通过生产某些商品来跟其他人进行交换，而生产过程又引起了对其他生产者的商品的需求，此时整个经济体产生了循环，因此某一价值商品的供给也就带动了对相同价值商品的需求[2]。

萨伊对该思想进行了更完整的阐述，他在 1803 年出版的《政治经济学概论》中提出"供给自动创造需求"的观点，后人称为萨伊定律。他认为一种商品一经产出就给与它价值相同的其他商品创造了需求，即生产者越多，产品越多样化，产品销售得越快。

在医疗市场上，存在医疗供给诱导医疗需求的现象。相关概念最早可追溯到 Roemer（罗默）在 1961 年的研究，他发现病床数量的增加会使病床的使用量随之增加，并利用萨伊定律提出了"只要有病床，就有人来使用病床"的 Roemer 法则[3]。诱导需求，就是医疗服务供给方利用其所掌握的信息优势，在医疗服务过程中，为实现自身利益最大化而做出的与需求方最优利益不符的一类行为，如医疗供给方利用其信息优势，改变患者的偏好，诱导患者接受过度的医疗服务[4]。下面我们通过医疗市场上的供需模型来直观地理解萨伊定律。

如图 6.3 所示，假设医疗服务的初始供给曲线、需求曲线分别为 S 和 D，均衡点为 E，均衡价格与均衡数量分别为 P 和 Q。在需求不变的情况下，若医疗供给增加，则供给曲线 S 将会向右移动到 S_1，均衡数量由 Q 增加到 Q_1，新均衡点为 E_1，此时医疗价格下降到 P_1，而价格下降意味着医院收入可能会减少，为了维护自身的利益，医院可以利用自己的信息优势和垄断地位诱导患者对医疗服务的需求，从而使患者的需求曲线由 D 向右移动到 D_1，形成新均衡 E_2，医疗服务的数量由 Q 增加到 Q_2，阻止了医疗服务价格的下降，甚至会使价格有所上升，进而导致医疗费用的上升[5]。

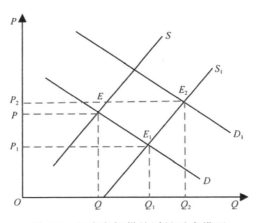

图 6.3　医疗市场供给诱导需求模型

在医疗供给诱导患者需求的过程中，患者始终处于被动的地位，一方面，被诱导出的过度需求占用了医疗稀缺资源，导致医疗资源的过度消耗，还会使医疗费用攀升；另一方面，诱导需求产生的过度服务还会增加患者负担，产生各种医源性疾病。

一般而言，为减轻服务排队系统中的排队压力，服务企业只能选择增加服务供给，但是服务者的行为往往会影响顾客的选择，此时就可能会产生萨伊定律中的"供给诱导需求"的现象，即增加服务供给后，顾客的需求也会随之增加，从而导致拥挤程度不减反增。从这个案例中我们可以看出：服务者的行为对服务排队系统的影响也是非常大的。

在布雷斯悖论和萨伊定律中，服务排队系统会受到顾客行为或服务者行为的影响，所以企业在设计和改善服务排队系统时，要将这两个因素考虑进去。顾客在等待中的行为和选择与等待心理学息息相关，而服务者的行为离不开服务者行为科学，因此，本章将重点阐述顾客等待心理学和服务者行为科学的内容。

6.1　顾客等待心理学

当顾客对服务的需求超过企业的服务能力时就会出现排队，顾客必须要等待一定的时间后才能接受服务，而等待时间是顾客评价企业服务的一个关键要素，会对服务评价产生消极影响[6]。事实上，真正影响顾客对服务的评价的是顾客在排队中的等待心理，若等待心理是乐观的，则他们往往会忽略排队等待所带来的痛苦，认为该项服务是令人满意的。因此，对于服务企业，了解和把握顾客的等待心理学是至关重要的，本节将聚焦顾客在等待中的心理行为特征，阐述顾客等待心理学的内容，并为服务企业提供排队管理建议。

6.1.1　等待效应

等待效应是指人们在等待时会产生态度、行为等方面的变化。美国波士顿一位研究等待心理的咨询顾问大卫·梅思特（Davaid Maister）认为："等待能够破坏一次实际上十分完美的服务过程"[7]。当潜在顾客得知或观察到等待时间过长时，他们会重新考虑自己的服务需求[8]，另外，等待时间过长也会降低顾客对服务质量的感知，使服务企业在顾客心中的形象受损，从而导致顾客流失。等待可能会造成的一些后果，如：①伦敦奥运会开幕式上，因为等待时间过长，当英国队出场时，女王伊丽莎白脸上的表情很平淡，甚至无聊到抠起自己的指甲；②红绿灯等待时间过长，造成行人闯红灯的现象增多；③公交等待时间过长，造成公交车严重超载；④拨打客服电话等待时间长，会引起顾客抱怨，降低顾客满意度。

等待过程消耗的是时间，与金钱不同，时间是一种无形的稀缺资源，失去了便不能再通过其他努力获得。顾客的等待时间可分为客观等待时间和主观等待时间[9]。客观等待时间就是实际等待时间，是指顾客从进入服务排队系统到接受服务的时间间隔，以真实时间为衡量标准。而主观等待时间是指顾客感受到的等待时间，是顾客根据自己的感受对等待时间的估计，以顾客的主观感受为衡量标准。在大多数情况下，真正影响顾客服务感受的是主观等待时间，顾客是通过主观等待时间与自身预期的差距来评价服务的好坏。因此，服务企业为了减少顾客的等待时间，可以从两个方面入手。首先，降低顾客的客观等待时间，这可以通过我们在第 3 章、第 4 章、第 5 章介绍的一些策略来实现。例如，在供给侧，可以通过调整服务能力、提高服务效率来降低客观等待时间；在需求侧，可以通过特定的策略来分散顾客的到达时间。其次，降低顾客的主观等待时间，这就涉及等待心理学的内容，一方面，顾客在排队等待中的心理行为是由时间资源本身独特的特点决定的，尤其是对顾客评价有很大影响的主观等待时间；另一方面，等待是对时间的消耗而不是对金钱的消耗，大多数的等待心理行为都是由人们对时间的风险态度与对金钱的风险态度不同而产生的。因此，我们接下来先分析主观等待时间的特点及人们对时间与金钱的风险态度差异，并据此来阐述顾客在排队等待服务中的一些心理学内容。

1. 主观等待时间的特点

我们将通过三个等待心理实验来阐述主观等待时间的特点，这些实验及实验结果参照 Leclerc 等[10]的研究。

等待心理实验一

X 先生和 Y 先生准备在午饭时去银行办理兑现支票业务。X 先生在一条队等待 30 分钟并很快完成了服务。Y 先生在一条队排了 20 分钟之后，由于机器故障不得不转移到另一条队，由此多排了 10 分钟。在这两种情况下，X 先生和 Y 先生谁会觉得更沮丧？

在等待心理实验一中，X 先生和 Y 先生的客观等待时间均为 30 分钟，但 Y 先生一定会比 X 先生更沮丧，因为他们的主观等待时间是不一样的，相比 X 先生，Y 先生肯定会认为自己的等待时间会更长，这种现象被称为主观

等待时间的集中效用。

主观等待时间的集中效用：

当客观等待时间相等时，人们更倾向于整段的等待时间而不是分散开的，分散的等待时间会使顾客的耐心降低，导致他对服务质量的感知降低，从而使顾客的主观等待时间增加。

等待心理实验二

情景 1：一张票去城市 A，全程 5 小时，一张票去城市 B，全程 1 小时。不同目的地的票需求量不同，但两张票的价格是相同的。当你准备买票时，得知有一种快速的方式到达城市 B，仅需要 45 分钟，但是需要在原先票价的基础上多支付 2 美元，你会多支付么？

A. 会[58%]；B. 不会[42%]

情景 2：一张票去城市 A，全程 5 小时，一张票去城市 B，全程 1 小时。不同目的地的票需求量不同，但两张票的价格是相同的。当你准备买票时，得知有一种快速的方式到达城市 A，仅需要 4 小时 45 分钟，但是需要在原先票价的基础上多支付 2 美元，你会多支付么？

A. 会[33%]；B. 不会[67%]

在上述两个情景中，两者的效益相同，均为节约 15 分钟的时间或节约 2 美元的金钱，按照理性原则，当效益不变时，情景的改变不会导致人们的决策改变，在两种情景下，选择"花时间节省金钱"和"花金钱节省时间"的人数比例应该相同，但实验结果表明，人们选择的比例并不一致，有 58% 的人愿意为了 1 小时的旅程节省 15 分钟而多支付 2 美元，而只有 33% 的人愿意为了 5 小时的旅程节省 15 分钟而多花 2 美元，这种现象被称为主观等待时间的相对效应。

主观等待时间的相对效应：

当时间节省量相同时，人们倾向于选择相对节省率高的项目，等待心理实验二中所决策的客观节省时间的绝对值是相等的，然而节省时间的相对值却有很大差别，顾客更看重节省时间的相对值。该效应与我们平时所说的"破罐子破摔""虱子多了不痒"是同一个道理。

等待心理实验三

　　假设你现在要乘车去纽约，有两个车站有班车去往纽约，两个车站的班车票价相同，并且你目前所处的位置到达两个车站的距离是相等的。其中，车站 1 的下一趟车将在 60 分钟后发车，而车站 2 的班车每小时一辆并且下一辆将在 30 分钟内出发。如果你选择去车站 2 乘车，有 50%的可能性赶上这趟 30 分钟之内离开的车，但有 50%的可能错过并且要等 90 分钟。如果你没赶上，也没有时间返回去车站 1 乘坐那趟 60 分钟后离开的车。此时你会如何选择？

　　A. 在车站等待 60 分钟后离开的车

　　B. 乘坐校园出发的车，50%的概率赶上 30 分钟之内离开的车，50%的概率会错过且要等 90 分钟

　　在等待心理实验三中，选项 A 的期望等待时间为 $E(A) = 60$ 分钟，选项 B 的期望等待时间为 $E(B) = 50\% \times 30 + 50\% \times 90 = 60$ 分钟，两个选项的期望等待时间是相等的，所以两个选项是无差异化的，按常理选择选项 B 的人数应该与选择选项 A 的人数不相上下，但实验结果显示 70%的测试对象会选择选项 A，即人们面对时间做决策时，更倾向于规避风险，选择确定的时间。客观上来说，无论选择选项 A 还是选项 B，都会付出 60 分钟的期望等待时间，但仿佛人们主观上就是会担心选择选项 B 之后，将要付出 90 分钟的等待时间，故这种现象也被称为主观等待时间的风险规避。

主观等待时间的风险规避：

　　在关于等待时间的决策方面人们更倾向于风险规避，更喜欢消费确定性的时间，这与人们对金钱的风险态度截然相反，根据前景理论，对于金钱人们在确定要损失的情况下，是持有风险偏好的态度的，即大多数人应该选择选项 B，但实验结果显示，人们在面对时间时，反而倾向于风险规避的选项 A。

　　这个现象自然而然地让我们萌发出一个疑问，人们对时间的反应与对金钱的反应是不同的吗？时间与金钱存在哪些异同呢？人们对时间和金钱的风险态度分别是怎样的呢？

2. 人们对时间与金钱的风险态度差异

俗话说"一寸光阴一寸金，寸金难买寸光阴"，这意味着时间和金钱存在许多相似之处，并且时间要比金钱更珍贵。而另外一句我们耳熟能详的格言却说："时间就是金钱"。时间真的是金钱吗？时间和金钱可比吗？时间与金钱存在哪些差异呢？在服务排队系统中，顾客消耗的是时间而非金钱，在前景理论中，人们在损失时倾向于风险追逐，在获利时倾向于风险规避。那么前景理论中的价值函数能否推广到时间领域？顾客对时间和金钱是否具有相同的认知和非理性的决策行为？本部分我们将通过几个等待心理实验来说明人们对金钱和时间的风险态度差异，并探究上述这些问题。

1）前景理论

20世纪70年代，卡尼曼（Kahneman）和特沃斯基（Tversky）在有限理性基础上，通过修正最大主观期望效用理论，提出了前景理论[11]。后来卡尼曼将之应用于经济学领域，因此获得2002年诺贝尔经济学奖。

前景理论认为个人基于参考点的不同，会有不同的风险态度。人们在决策时会在心里预设一个参考点，若得到的结果高于参考点，则为收益型结果，此时人们会表现出风险厌恶，更偏好于确定的小收益；若为低于参考点的损失型结果，人们会表现出风险喜好，希望未来能有好运气来避免损失。我们通过一系列的实验带大家来理解前景理论[12]。

实 验 一

在下面两种情况中任选其一：

A. 肯定收益3000元

B. 有80%的可能获得4000元，20%的可能什么也没有

在实验一中，有80%的人会选A，仅有20%的人会选择B。易知上述两种情况的期望收益分别为：$E(A)=3000$ 元，$E(B) = 4000×80\%+0×20\%=3200$ 元，$E(B)>E(A)$。因此从理性人的角度，应该大多数人会选择期望效用较大的B而不是A，但是上述的实验结果是大部分人偏好具有确定收益的A，这一心理现象我们称为确定效应。

确定效应：

　　大多数人处于收益状态时，往往小心翼翼、厌恶风险、喜欢见好就收，害怕失去已有的利润。表现在投资上就是投资者有强烈的获利了结倾向，喜欢将正在赚钱的股票卖出[12]。

实 验 二

在下面两种情况中任选其一：
A. 肯定损失 3000 元
B. 有 80%的可能损失 4000 元，20%的可能一点也不损失

　　同理，$E(B) = -3200$ 元 $<$ $E(A) = -3000$ 元，而实验结果显示大部分人偏好于 B，与理性人的最优决策相矛盾，因此在面对损失时，人们往往是风险喜好型的，这种现象被称为反射效应。

反射效应：

　　当一个人在面对两种都损失的抉择时，会激起他的冒险精神。在确定的坏处（损失）和"赌一把"之间，做一个抉择，多数人会选择"赌一把"，这叫"反射效应"，表现在股市上就是人们喜欢将赔钱的股票继续持有下去[12]。

实 验 三

　　假设有这样一个赌博游戏，投一枚均匀的硬币，正面为赢，反面为输。如果赢了可以获得 50 000 元，输了失去 50 000 元。请问你是否愿意赌一把？请做出你的选择。
　　　　A. 愿意　　　　　　　　　　B. 不愿意

　　实验三的结果显示大部分人会偏好于 B，当面对得失价值相等的决策时，人们对得和失的敏感程度并不对称，更偏好于损失规避。
　　在实验三中，选择赌一把的期望为 $E(A) = 50\,000 \times 0.5 + (-50\,000) \times 0.5 = 0$ 元，选择不赌的期望为 $E(B) = 0$ 元，两者期望一样，但是大多数人会选择不

赌，这就是人们面对金钱的损失规避现象。

> 人们面对金钱的损失规避：
>
> 　　大多数人对损失和获得的敏感程度不对称，面对损失的痛苦感要大大超过面对获得的快乐感。实验三中出现正反面的概率是相同的，但是人们对"损失"比对"获得"更敏感。想到可能会输掉 50 000 元，这种不舒服的程度超过了想到有同样可能赢来 50 000 元的快乐[12]。

　　如图 6.4 所示，前景理论中的价值函数呈现出不对称的"S"形，损失区域的价值函数比收益区域的更陡峭，也就是说，一个损失结果所导致的价值减少值大于一个收益结果所带来的价值增加值，这就是损失厌恶性。

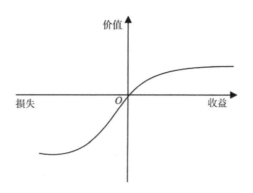

图 6.4　前景理论中的价值函数

> **实 验 四**
>
> 　　假设有这样一个赌博游戏，赌大小，猜对的概率为 0.000 000 2，如果猜对了可以获得 1000 万元，输了失去 2 元。请问你是否愿意赌一把？请做出你的选择。
>
> 　　A. 愿意　　　　　　　　B. 不愿意

　　显然，选择 A 和 B 的期望收益也是相等的，但实际大部分人都会选择 A。这是因为人类具有强调小概率事件的倾向，我们将这种心理行为称为小概率事件。

小概率事件:

　　面对小概率的赢利，多数人是风险喜好者。面对小概率的损失，多数人是风险厌恶者。当涉及小概率事件时，风险偏好会发生离奇的转变。在实际中，买彩票和买保险都是这一行为特征[12]。

实　验　五

假设在商品和服务的价格相同的情况下，你有两种选择:

A. 其他同事一年挣 6 万元的情况下，你的年收入为 7 万元

B. 其他同事年收入为 9 万元的情况下，你一年有 8 万元进账

　　在实验五中，多数人会选择 A，因为人们一般会将身边同事的工资收入作为参照点，若自己的收入大于同事的收入，那么就会获得满足感与成就感，感觉自己是获利的一方，我们将这种现象称为参照依赖。

参照依赖:

　　损失和获得一定是相对于参照点而言的。一般人对一个决策结果的评价，是通过计算该结果相对于某一参照点的变化而完成的。人们看的不是最终的结果，而是最终结果与参照点之间的差额[12]。

　　综上所述，卡尼曼的研究发现人们对风险的态度存在如表 6.1 所示的特性。

表 6.1　前景理论中的风险态度

类型	中、大概率	小概率
获利	风险规避	风险追逐
损失	风险追逐	风险规避

　　表 6.1 中，当人们获利的概率较大时，其风险态度是风险规避型的，而当获利的概率较小时，是风险追逐型的；同理，当损失的概率较大时，人们具有风险追逐的态度，而当损失的概率较小时，往往会具有风险规避型的态度。

前景理论表明，个人是凭借参考点来处理信息的，并依赖于价值函数对信息进行判断，而价值函数的一个重要特征是人们对"损失"比对"获得"更加敏感，因此人们在做决策时并不是完全理性的，他们会存在参考效应和损失厌恶这样的非理性行为特征。

2）时间与金钱的差异

（1）时间比金钱更具有不可替代性。时间具有不可逆性，失去后是不可返还的，而金钱失去后是可返还的；时间是唯一的，不能像金钱一样可以自由流通周转，也不能积累，具有不可替代的唯一性。

（2）时间比金钱的聚集更加困难。金钱是看得见、摸得着的实体，而时间是无形的稀缺资源，不能轻易地节约或储存，因此就会造成时间比金钱更难聚集。

（3）时间和金钱的数量在心理上的核算方式不同。除通货膨胀外，金钱具有较稳定的价值，而时间的价值会随顾客个人的经验、时间的用途等的变化而变化，时间的价值在顾客心中其实是一个较模糊的概念，在顾客心理上的核算方式与金钱有较大的不同。

（4）与金钱相比，对于时间人们更趋于风险规避。在对金钱决策时，损失规避具体表现为失去同等数量的金钱所带来的痛苦要大于获得同等数量的金钱所带来的快乐。一般来说，损失规避适用于任何稀缺资源的分配决策，而时间是人们做出选择所需要的重要参考资源，也是一项稀缺资源[13]，因此对于时间也会出现损失规避现象。

Abdellaoui 和 Kemel 在一项研究中证明了与金钱相比，时间具有更大的损失规避系数，即人们更不愿意损失时间[14]。那么为什么时间具有更大的损失规避系数呢？我们可以从时间的特点来看，一方面，由于时间的不可储存和不可转移的特点，人们更喜欢时间消费的确定性，所以对时间损失总是规避的[15]，更偏好于确定性和低风险时间损失；另一方面，金钱的可替代性可能会鼓励人们承担更多的风险，因为一个特定决策所造成的金钱损失可以通过另一项活动的金钱收益得到补偿，而时间不具有替代性，损失后无法偿还，时间与金钱之间的可替代性差异会导致个人在面对时间损失时比面对金钱损失时的风险规避程度更大。例如，当你准备从市中心去机场时，交通堵塞产生的时间损失对你的影响可能比由此导致的出租车费用增加带来的影响更大，即较金钱来说，人们更不愿意损失时间。

服务企业可以根据顾客对时间风险态度的差异来设置差异化的服务，在实践中有很多成功的案例，如曹操出行的包车服务，其定位为商务和旅游出行市场，价格相对较高，顾客可以选择半日包和一日包服务，这类顾客在一定的时间内有多次出行需求，如果选择每次出行前都单独叫车，那每次叫车都会需要等待司机接单，且每次的等待时间都是不确定的。因此这类顾客往往不愿意承担由等车带来的时间风险，曹操出行精准地抓住了这类顾客的需求和消费特点，为其提供优质的包车服务，与普通快车不同，包车服务中司机会提前 15 分钟到达指定地点等待顾客，是车等顾客，而非顾客等车，车中还配置饮用水等服务，以保证顾客出行更舒适。另一个实践应用是飞机延误险，对于购买了延误险的旅客来说，存在两种结果，一种是飞机没有延误，那么旅客就损失了金钱，但等待时间不会增加；另一种是飞机延误，旅客损失了时间，需要更长的等待时间，但获得了保险公司理赔的金钱。对于购买了延误险的旅客，飞机延误所产生的时间损失而带来的痛苦感是要大于飞机没有延误所产生的金钱损失而带来的痛苦感的，即比起金钱，人们对时间更趋向于损失规避。

6.1.2　顾客等待心理及常见对策

在服务排队系统中，顾客会呈现出三个重要的行为特征：不确定性、多样性及非理性[①]。顾客的非理性行为表现为前景理论中的参照依赖和损失规避，参照依赖具体表现为顾客会以服务企业平均让顾客等待的时间作为参照点，以此来预估自己可能需要的等待时间；而损失规避表现为比参照点长的等待时间会使顾客产生负面情绪，比参照点短的等待时间会使顾客产生正面情绪，而负面效应对顾客的影响要比正面效应强烈许多。

在实际生活中，顾客往往不能准确地获取服务排队系统的相关参数（如服务企业的服务时间、顾客的到达率等），或者顾客的计算能力有限，因而不能精确地计算出平均等待时间，导致顾客在有限理性的真实条件下做出的决策有可能不是最优决策。因此，顾客在排队前的进队决策、在排队中的止步决策（指退出排队队伍），以及在排队后的心理评价行为会受到有限理性的影响，直观来讲就是，顾客所获得的信息不完全或受自身计算能力的限制，导致顾客很难衡量一个队列所需要的客观等待时间，而只能依据自己对等待时间的主观判断做出相应的决策，该决策有可能不是最优决策。由此可见，顾客的主观等待时间是影响顾客服务体验的重要因素，顾客对等待时间的感知

---

① http://www.ceconlinebbs.com/FORUM_POST_900001_900005_1059025_0.HTM。

会影响他在排队中的心理，接下来我们将基于 6.1.1 节中主观等待时间的特点与人们对时间的风险态度来阐述顾客等待心理学的内容。

1. 顾客等待心理

我们需要强调的一点是，顾客的主观等待时间不等于客观等待时间，且往往大于客观等待时间。例如，在一项研究调查中，一个等待时间为 90 秒的顾客认为他至少等待了 11 分钟[16]。那么有哪些因素会影响顾客对排队等待时间长短的感知呢？

大卫·梅斯特（Davaid H. Maister）对等待心理学进行了系统研究，他根据服务的第一定律、第二定律提出了顾客等待心理八条原则[17]。服务的第一定律可以表示为

$$S = P - E$$

其中，S 表示顾客满意度（satisfaction）；P 表示顾客对服务的感知（perception）；E 表示顾客对服务的预期（expection）。顾客满意度是指顾客对服务的感知与对服务的预期之差，如果顾客对某项服务带有一定的期望水平，当服务带给他的感受高于他的期望水平时，他就会对该项服务感到满意，反之，若服务感知小于服务预期，就算顾客此时接受的服务水平和以前是一样的，顾客也会感到失望，会对服务产生不满意的负面情绪。

这里的感知和预期都是顾客的心理现象，与现实有一定的联系，在等待心理学中，顾客对服务的感知可以衍生为主观等待时间，即顾客对排队服务的满意度取决于主观等待时间与预期等待时间之间的差值。

梅斯特提出的服务第二定律是："很难去追赶滚动的球"。在服务刚刚开始的时候，如果提供的服务使顾客感到愉快，那么在接下来的过程中顾客的心情也会保持愉快，同理，如果在服务刚开始时顾客的心情是不愉快的，那么在之后的过程中，无论提供多好的服务，做多少努力，都很难使顾客回心转意。因此，服务的早期阶段带给顾客的感受是至关重要的，服务企业应该在早期阶段花时间、金钱和精力去投入，才有可能获得最大的回报。

在分析和总结了感知与预期相互作用的重要性之后，下面为十条等待心理原则①。

（1）忙碌时比空闲时感觉时间过得更快。

（2）过程前的等待比过程中的等待感觉时间要长。

---

① 前八条是由梅斯特提出，后两条分别是文献[17]、[18]补充的。

（3）焦虑时比放松时感觉时间过得更慢。

（4）不确定的等待比已知的、有限的等待要长。

（5）未解释的等待比解释的等待要长。

（6）不平等排队下的等候时间要比公平排队下的感觉更长。

（7）服务价值越高，能够忍受的等候时间越长。

（8）独自等候的时间要比集体等候的时间过得更慢。

（9）令人身体不舒适的等待比舒适的等待感觉时间要长。

（10）不熟悉的等待比熟悉的等待时间要长。

总的来说，以上十条等待心理原则可以作为实施认知管理的理论依据，顾客的满意度取决于顾客的认知和顾客预期之间的差距，当顾客对实际情况的认知大于原来的心理认知，顾客就会满意。因此，把握顾客在排队时的心理并据此做出相应的对策是很重要的。接下来我们将重点介绍上述的十条等待心理原则的内容，并给出一些常见的对策、建议和案例。

2. 常见对策

1）忙碌时比空闲时感觉时间过得更快

正如哲学家威廉·詹姆斯（William James）所说："无聊源于对时间流逝本身的关注"，更通俗的说法是"心急水不沸"。空闲时的等待时间比忙碌时更长，一般而言，静止的等待时间会使顾客产生空虚无聊的感觉，从而会增加顾客主观等待时间的长度，令顾客觉得"一日三秋、度日如年"。因此，服务企业应该想方设法使顾客在等待时间中"忙碌"起来，缩短其主观等待时间长度，尽量使顾客感觉"白驹过隙、日月如梭"。

对策：填补空白时间，让顾客保持忙碌，用来填补空白时间的活动要么能给企业带来利益，要么就应该与接下来要提供的服务相关。

（1）迪士尼主题乐园一旦发现有某个景点顾客排起了长队，流动乐队便会立即出现在队伍前面，美妙的音乐随之响起，或者进行精彩的杂技表演，或者有其他的娱乐形式，从而时刻保持顾客忙碌的状态。

（2）海底捞会为等待的顾客提供美甲服务，还会让顾客叠纸鹤，并根据纸鹤数量提供一定的折扣。

（3）将等待作为服务的一部分，如把等候区改成酒吧（可以增加收入），也可以用报纸、杂志、电视等分散顾客的注意力，使其不再关注时间的流逝。

案例 6.3　　　休斯敦机场行李提取处①

多年前，休斯敦机场的高管面临着一个非常棘手的客户关系问题。顾客登记了大批的关于他们要等很长的时间才能取到他们的行李的意见。作为回应，高管增加了行李提取处工作人员的数量。这个方法很有效，在行业基准内，使等候的时间降到了平均 8 分钟，但是抱怨的声音仍然不断，高管十分困惑。有什么办法解决？

机场高管进行了细致的现场分析。他们发现，乘客只需一分钟就走到了行李提取处，而等了 7 分钟才取到他们的行李。也就是说，乘客大约 88% 的时间是在站着等待他们的行李。因此，他们提出了把航班的到达门尽量安排到远离行李传送带的位置这一方法。这样乘客就需要走 6 分钟甚至更长的时间才能到达行李提取处，真正站在行李传送带前的等待时间就大大减少了，这样抱怨声也就几乎没有了。

2）过程前的等待比过程中的等待感觉时间要长

一个人在等待服务时的焦虑程度比在被服务时要高得多，即使后者等待的时间可能会更长，因为当人们在等待服务时总是会有一种怕被"遗忘"的恐惧，如在排队时人们常常会去检查自己是否还在名单上。当顾客意识到服务已经开始，那就相当于等待有了希望，因此也会感觉到等待时间过得快一些。

对策：周文慧等[19]研究表明为在队列前面等待的顾客提供 "预服务"是一种提高顾客等待满意度的有效策略。"预服务"即为顾客提供一些额外的服务，从而尽早给予顾客服务开始的信号，使顾客以为自己提前进入了服务过程中，尽量让顾客在服务过程中等待而不是过程前等待。

（1）阳坊胜利：顾客落座后不久（大约 5 分钟）尽快把火锅端上桌。

（2）有些餐馆会把菜单分发给正在排队等待的顾客，让顾客在等待时点餐，给顾客服务已经开始了的感觉，降低顾客对等待的不耐烦感。

（3）航空公司：早早地请求乘客去托运行李，虽然之后乘客还要站在长长的队伍里等待，但是感觉上会好得多，因为他们认为航空公司的服务已经开始。

① 案例来源于 http://www.360doc.com/content/12/0911/08/535749_235462836.shtml。

（4）移动互联网创新：对于曹操出行，乘客呼叫后就感觉服务已开始。

（5）步入式医疗诊所的分诊系统：先由护士会见所有患者，记录患者的基本信息和症状，并决定患者是由注册执业护士看诊还是直接由医生看诊，尽管分诊系统会增加患者的排队时间，但调查显示患者对"减少的等待时间"感到满意，因为他们认为自他们来到诊所，被护士登记了信息时就已经开始医疗服务了。

3）焦虑时比放松时感觉时间过得更慢

顾客的焦虑会增加其主观等待时间。若顾客在排队队列中产生了焦虑的情绪，则随着等待时间的延长，这种焦虑情绪会加剧，使等待时间显得更长。那么顾客在什么情况下容易产生焦虑呢？我们总结了以下几个会使顾客感到焦虑的情况。①由服务排队系统本身不可抗力因素造成的等待时间延长，如飞机推迟起飞；②由其他顾客行为造成的等待时间延长，如其他顾客插队；③由服务排队系统自身服务效率低下或服务设计不合理造成的等待时间过长，如排在一个相对其他队列服务速度更慢的队列。

正如上面所提到的，人们会焦虑自己是否被"遗忘"，另外，在排队时担心自己选错了队，决定是否要离开正在排的队去另一条队时，焦虑的程度会增加，会使等待变得无法忍受。这种情况被称为埃尔马·邦贝克定律（Erma Bombeck's law）：另一个队列总是移动得更快。

对策：降低或消除顾客的焦虑。

（1）保证顾客在等待一定的时间后一定能享受到服务，如面对登机时大家一拥而上的情况，乘务员向大家保证大家都能按时登记，可以降低顾客的焦虑。

（2）通常餐厅上菜不是一次性上完所有菜，而是先上一部分菜，保证顾客在入座后能尽快享受到菜肴，减少顾客的焦虑，后续的菜再慢慢上。

案例 6.4　仁川国际机场里的大衣

当冬天来临，韩国的一些人会选择到印度尼西亚巴厘岛等热带地区过冬。通常，韩国旅客会穿着笨重的皮大衣前往仁川国际机场，到达目的地后再随身带着这个在返回韩国前都用不上的累赘。针对这一点，韩国两大航空巨头找到了非常贴心的解决方案：大衣洗熨服务。乘客可以在首尔的机场寄存大衣，然后回国时取回，而不用把它们带到巴厘岛。

这个创新方案抓准了航空公司在运营和财务上的一大痛点。每年冬季，机舱内的舱顶置物箱通常都会过早地被先登机乘客的厚重的羽绒服塞满，以至于后面登机的乘客根本没地方放行李。所以许多乘客会紧张地在机舱过道中走来走去，寻找放置行李的地方，导致整个登机秩序受到严重干扰。有的乘客会把行李使劲塞进狭小的缝里，使得其他人担心自己的东西会被压坏。为了保证登机顺利，机组人员不得不使用极端手段，清空舱顶置物箱，重新排列箱内物品，甚至将实在放不下的东西"请"下飞机。这种状况造成了乘客在排队登机时容易出现焦虑，一方面，乘客会担心登机迟了会没有地方放行李；另一方面，登机花费时间过长容易导致航班起飞延误。

大衣洗熨服务则是一个一箭双雕式解决方案，无论乘客、机组人员还是航空公司的首席财务官都从中受益良多。乘客摆脱了沉重的行李负担而欣喜，登机程序和巴厘岛沙滩上的微风一样顺畅，缓解了旅行中的焦虑情绪。另外，大衣洗熨服务仅前几天是免费的，超过规定保管期机场就收取一定费用。这也是所谓的双赢典范。

4）不确定的等待比已知的、有限的等待要长

等待中最让人焦虑的是等待时间到底有多长，一般来说，知情情况下的等候时间比不知情情况下的过得更快，因此，让顾客知道自己的预期等待时间有多长，以及自己在队伍中的位置，会使顾客感受到事情尽在掌握中，以此缩短其主观等待时间。

对策：尽量让顾客获取关于排队等待的信息，使顾客得到诚实的对待。一般情况下，告诉顾客的等待时间要多于顾客实际等待时间，从而顾客就会因为提前几分钟而欣喜。

（1）餐馆：让顾客领号排队，通过叫号服务，客户能清楚地知道前面还有几桌在等待。

（2）银行：电子屏上显示正在接待的顾客号码，具有告示作用，通过这些号码能够知道在前面还有几位顾客。

（3）医院：如果一个候诊的患者被告知医生因其他事情耽搁要晚30分钟才来给他看诊，那么他一开始会感到烦恼，但随后就会放松下来，

因为只能接受必不可免的等待,但是如果患者被告知医生很快就有空了,他就会处于很紧张的等待状态,无法安定下来,更不敢随便离开。

5)未解释的等待比解释的等待要长

若服务提供者对服务的等待或延迟的原因不提供解释,则会使顾客觉得等待时间很长,也就是说,未经解释的等待会增加顾客对等待时间不确定性的感受、焦虑,同时,未经解释的等待会让人产生一种无能为力的感觉,会导致顾客产生恼怒的情绪。而当人们知道等待原因时,会更耐心地等待,并且会认为等待是有意义的,所以服务企业要尽量告诉顾客等待的原因。

对策:耐心跟顾客解释等待原因。

(1)雨天叫出租车时,人们知道出租车耽误的原因,所以会愿意等更长的时间,因为雨天等车的时间肯定比晴天等车的时间长。

(2)机场:航班延误时机场会播放广播或发送短信告知顾客延迟的原因,如天气原因、安全检查及空中交通管制等。

(3)餐厅的某些特色菜制作时间比较长,在点菜时服务员会提前告诉顾客他所点的菜制作工序复杂,需要较长的等待时间。

6)不平等排队下的等候时间要比公平排队下的感觉更长

如果顾客都按照一定的顺序规则接受服务,则等待是有秩序的,此时顾客的焦虑情绪会得到缓解,顾客可以安心等待;但如果排队时有人违反排队规则,顾客等待过程就会从平静的等待变成不公平的相互竞争,令顾客产生紧张、不耐烦的心理情绪,从而使其感觉等待时间变得更长。通常经历了不平等排队的顾客会对服务企业产生很消极的评价,因此服务企业应该维护好排队规则。

不平等的排队现象指的是插队行为,有一些不平等的排队现象如今已经成了顾客可接受的、已成为行规的优先权,如银行的金卡顾客不用排队,航空公司的头等舱顾客优先上飞机,火车站里的军人优先通道,医院优先为急诊患者治疗,公交车里孕妇、儿童和残疾人优先上车等。

对策:维护顾客排队公平权。

在许多情况下,排队的队列是不可见的或者没有可见的顺序,如在等待地铁时,一群人拥挤着进站,大家都处于相对紧张的状态,特别是在高峰期,人们为自己是否能按顺序进站上车，是否能搭上下一班地铁而担心，处于一种紧张的状态，而如前所述，紧张、情绪激动的等待比放松的等待要长。正因如此，现如今许多服务企业都会设置一个取号系统，每个顾客都有一个号码，服务企业严格按照号码的顺序来提供服务，还会向顾客播报目前服务进行到哪个号了，以便顾客可以估计等待时间。

一般来说，服务企业会采用对顾客比较公平的 FCFS 排队规则，而在有些场景下，服务企业也会按照客户的重要性和优先级进行排队，即采用有优先权的排队规则。例如，①餐厅里有限数量的双人桌、四人桌和大桌，将顾客群数量与桌子的大小进行匹配来为顾客安排座位，即餐厅会根据顾客人数优先安排座位；②超市的快速通道，即只有少数几件商品的顾客由专门的服务人员来处理；③头等舱、商务舱的值机柜台与候机室。但是这样容易导致没有优先权的顾客感到不公平，因此需要进行顾客隔离，即让非优先权顾客感知不到优先权顾客的特权，尽量不让他们产生被插队的感觉，如企业可以通过设置不同的服务产品或不同队列来隔离拥有不同优先权的顾客。

案例 6.5　　九华山景区多花 50 元乘缆车不用排队[①]

2013 年 4 月 10 日，中国之声《央广新闻》报道，有游客反映，安徽九华山景区缆车公司公开销售普通票和 VIP 票，多花 50 元就可以不排队，直接从 VIP 快速通道乘缆车上山。这对长时间排队的游客不公平。当地物价部门表示，具体定价权在企业。

在北京工作的赵先生和朋友一行 6 人到九华山景区游玩发现，缆车票分为普通票和 VIP 票，差别是 100 元的普通票要排队，150 元的 VIP 票可优先通行。赵先生气愤地表示，推行 VIP 票影响普通游客的正常通行，"这对大众游客明显不公。"

思考：有什么好办法解决这个问题？

案例 6.6　　香港昂坪 360 缆车

作为香港最佳旅游景点之一，昂坪 360 缆车（Ngong Ping 360 cable car）往返于东涌市中心 （Tung Chung town centre）和大屿山昂坪之间，总长 5.7

---

① 案例来源于 https://www.chinanews.com/cj/2013/04-10/4717513.shtml。

千米的双线缆车体验时长为 25 分钟。共有两种车厢，标准车厢的售价为 165 港币，水晶车厢售价为 255 港币，远高于标准车厢的售价，而水晶车厢除了底部与标准车厢不同之外，其余均是一样的，水晶车厢的底部是结实的透明玻璃，顾客可以直接看到底下的风景，给人一种漂浮在半空中的刺激感。

无论是购买标准车厢还是购买水晶车厢，它们的缆车行驶路线都是一样的，差别仅仅是底部是否透明，由于水晶车厢的票价较高，相对于标准车厢，购买水晶车厢的人数较少，排队时间也会较短。因此水晶车厢相当于缆车 VIP 票，比起九华山缆车多收 50 元就能免排队的这种做法，至今都没有遭到过顾客的抱怨不公与质疑，原因就在于昂坪 360 缆车用差异化的服务来包装了优先权服务，使顾客感受到了公平，这种做法是双赢的，一方面，服务企业可以差异化定价获取更高的利益，另一方面，满足了愿意花费更多的金钱来减少排队等待时间的顾客需求，维护了顾客排队的公平性。

总结：通过这两个案例我们可以看出，当实行优先权服务时，需要采用差异化服务来包装优先权服务，并且采用两条不同的队列的区域隔离手段，以避免带来的不公平性问题。

7）服务价值越高，能够忍受的等候时间越长

人们对等待的容忍程度取决于他们对等待对象的感知价值，当服务价值越高时，我们往往越愿意花更多的时间去排队。例如，为了购买高价值的房子，购房者愿意在户外长时间甚至通宵排队。

对策：按服务价值分类排队，减少完成主体服务后的等待时间。

（1）超市快速结算通道是一种常见的社会认可的结算方式，一般 5 件以下的商品可以走超市快道进行快速结算。因为顾客购买的商品越多，其所接受的服务的价值就越高，会更愿意排队购买，而持有较少数量商品的顾客如果看到长长的结算队伍，直接选择离开队伍而放弃购买的可能性会很大，即只有几件商品的顾客对等待很长时间而完成的简单交易感到不满。

（2）航空公司：为简单交易（选择座位）、中等难度交易（行李托运）和复杂交易（购票或改签）提供了单独的路线。按任务进行专门化排队不一定会减少系统中的等待总时间，但是它可以很好地在顾客群中分配等待时间。

显然，等待价值不高的服务是不可忍受的，如乘客到达登机口时，迫切地想登上飞机，即使在飞机上也要继续等待。又如，飞机刚刚落地时，乘客都迫切地下机，即使他们知道要等前面的乘客先下去，而当到达行李提取区域时，在飞行过程中耐心坐了几个小时的同一个乘客会对等待行李到达的这几分钟感到愤怒、不耐烦，原因是飞行服务已经结束了，等待这些没有更多价值的进程是没有意义的，就像服务前的等待时间比服务中的等待时间要长一样，服务后的等待时间让人感觉更长。

8）独自等候的时间要比集体等候的时间过得更慢

集体等待比独自等待更具有某种形式的安慰，如在迪士尼乐园或者在排队购买演唱会门票时，当群体意识发展起来，排队本身就变成了一种服务接触，也属于服务的一部分。因此，服务企业利用某些活动来促进集体等待的感觉，能使人们增加对等待时间的容忍度。

对策：服务企业在设计等候大厅时，尽量让等待的客人集中在一起以便于沟通和交流；在设计队列时，尽量避免单一队伍，而是设计成两行或多行的平行队伍。

9）令人身体不舒适的等待比舒适的等待感觉时间要长

这里的不舒适主要是指生理上的不舒适，如夏天在烈日下排队，这种生理上的不舒适会让顾客在排队时"如坐针毡"，因此会觉得等待时间更加漫长。

对策：考虑顾客的生理需求，增加顾客等待中的舒适感。

> （1）网红餐厅：给等位顾客提供舒适软椅、遮阳伞、风扇、遮雨蓬等。
>
> （2）麦当劳快餐店反其道而行之，故意把椅子做成有一定斜度的硬塑料专用快餐椅，使顾客吃完饭后坐着不舒服，老往下溜，降低舒适感，增加焦虑感，以便加快餐桌的周转速度。

10）不熟悉的等待比熟悉的等待时间要长

不熟悉的环境易使顾客感到紧张，且不确定程度会随不熟悉程度的增加而增加，而不确定因素又会放大等待的压力，使人感到焦虑。

对策：营造使顾客感到熟悉的氛围。

综上，为了减少等待时间带来的负面影响，提升消费者满意度，一方面，服务企业应该改进自身服务排队系统以提供快速响应的服务、提高服务效率、减少客观等待时间；另一方面，服务企业也应该合理利用顾客的等待心理，减少顾客感知到的主观等待时间，以降低等待带来的负面影响。在减少客观等待时间方面，可以参照本书第 3 章～第 5 章的内容，在减少主观等待时间方面，根据等待心理学的内容，我们为服务企业总结了以下几点建议。

1）管理好顾客感知与顾客预期

例如，某知名酒店经常收到客人投诉电梯等待时间过长，在分析了如何改善电梯服务后，它们在电梯门口安装了许多全身镜，客人在等待的时候总是会去照镜子，检查自己的着装和仪表，尽管客人的实际等待时间没有变化，但投诉的人已经大大减少了——管理顾客对服务的感知。

许多餐厅会向排队等待就餐的顾客承诺一个预期等待时间，该时间往往大于实际需要的等待时间，即给予顾客一个较低的预期水平，当顾客在预期时间之前就可以享受到服务时，他会感到很满意——管理顾客对服务的预期。

2）管理顾客的公平感

无论排队规则的优先级如何，服务企业必须要通过调整规则或积极说服顾客这些规则是适当的，努力保证排队规则符合顾客的公平意识，同时，也要维护好排队秩序，防止随便插队等现象发生。

3）把服务等待变成令顾客愉快的一种经历

由服务的第二定律可知，如果顾客在等待服务时的心情是愉快的，那么他在之后的服务流程中往往也能继续保持愉快的心情，因此就会对服务感到满意，反之，如果等待过程中产生了稍许的不愉快，顾客则会将不愉快的原因归咎到服务过程中，尽管服务企业为此提供了很好的服务。因此服务企业应该想方设法把服务等待变成令顾客愉快的一种经历。例如，迪士尼会为等待中的顾客提供"游行"服务或小程序游戏。

4）根据顾客对等待时间的风险态度来设置差异化的服务

服务企业应该针对持有不同时间风险态度的顾客提供不同的服务，对于时间很敏感的顾客，可以提供价格相对较高、等待时间短或不需要等待时间的优质服务。

6.2　服务者行为科学

服务排队系统会受到顾客行为和服务者行为的影响，服务企业在设计和改善服务排队系统时，要综合考虑顾客行为和服务者行为。在 6.1 节中我们阐述了顾客在服务排队系统中的等待心理学内容，本节主要关注服务者的行为，我们将从"大锅饭效应"中的社会惰化行为和萨伊定理中的供给诱导需求两个方面，重点阐述服务者行为科学的内容。

6.2.1　社会惰化行为

社会惰化（social loafing），也称"大锅饭效应"，是指当群体成员觉得自己的努力在群体中不重要或自己的努力是其他人无法轻易观察到的时候，就会降低努力的程度，产生社会惰化，或者称为搭便车效应（free-riding effect）。同时，当群体的其他成员察觉到某个成员在搭便车时（此时他的行为还是努力的），由于"患均不患寡""有见于齐"的心理，他就会减少自己的努力以弥补这种不公平感，于是就产生了吸管效应（sucker effect），即引起了明显的区域反应，正如俗话所说的："一个和尚挑水喝，两个和尚抬水喝，三个和尚没水喝"。

为了让读者能更清楚地理解"大锅饭效应"，我们用图 6.5 的双人博弈模型来加以解释，其中，参与者 1 表示服务员 1，参与者 2 表示服务员 2，当有任意一个服务员选择努力工作时，两个服务员都可以获得收益 V，否则大家都无法获得收益。付出努力的服务员需要付出努力成本，不同的是当两个服务员都付出努力时，每个人需要付出努力成本较低，为 C_L，而只有其中一人付出努力时，其需要付出的努力成本较高，为 C_H，即 $C_H > C_L$。图 6.5 中下划线 "_" 表示该策略为对于参与者的最优策略。我们可以看到，当服务员 1 和服务员 2 都选择努力工作时，双方的净收益都为 $V-C_L$；当服务员 1 选择努力工作，而服务员 2 偷懒时，两人的净收益分别为 $V-C_H$ 和 V。因此，当服务员 1 选择努力工作时，偷懒、搭便车是服务员 2 的最佳策略。同理，当服务员 1 选择偷懒时，偷懒也是服务员 2 的最佳策略；当服务员 2 选择出力时，服务员 1 的最佳策略是偷懒；当服务员 2 选择偷懒时，服务员 1 的最佳策略也依旧是偷懒。因此，该博弈的均衡为两个服务员都选择偷懒，即无论什么情况，都会导致"大锅饭效应"的出现，人人都想搭便车，不想努力工作。

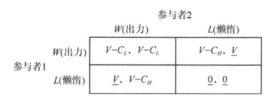

图 6.5　双人博弈模型

服务排队系统中的"大锅饭效应"就是由于服务排队系统的设计、考核等不合理，服务者觉得自己的努力是别人无法轻易观察到的，或者某个服务者正在努力工作，但发现其他的服务者并没有在努力工作，而是在搭便车，那么此时，该服务者的努力程度会降低，从而会产生社会化惰性，整个服务排队系统的服务效率会被拉低。在服务排队系统中，产生社会化惰性的原因主要有以下两种。

1. 服务企业的制度体现出不公平

"大锅饭"式的管理很容易使服务者产生社会惰化效应。例如，没有明确的绩效考核标准，在这种不公平的制度下，服务者认为自己付出多少都不会影响自己的收入，而且总是会认为别人是不尽责的、懒惰的，从而会减少自己的努力程度，以免被别人占到便宜，从而会出现"三个和尚没水喝"的后果，导致服务排队系统的效率降低。

2. 服务者之间的职责不清晰

服务者之间的职责不清晰会导致个人的投入与服务企业的产出之间的关系不明确，即团队的成绩好坏不会归功于个人，这会使服务者觉得自己的贡献没办法被衡量，感觉不到成就感，而且当服务企业的整体绩效下降时，无法追究到具体某个服务员的个人责任，此时服务者也会选择降低自己的努力程度，成为"搭便车者"，即个人不付出努力，而是依附于团队的努力。

有研究表明社会惰化效应的出现与服务排队系统的服务流程设置有着密切关系，当服务者的报酬与服务的顾客数量相关时，采用分流系统①能加剧服务者之间的竞争[20]，此时的服务排队系统是公平的，遵循的是多劳多得的激励机制，每个服务者负责单独的一条队列，职责也是较清晰的，从而使

---

① 分流系统是指各服务台有自己单独的队列，服务者只为处于自身队列的顾客提供服务。

得服务者的服务效率会有所提高；与之相反的是，若采用并流系统①，即多名服务者服务同一条队列，此时服务者之间的职责不清晰，服务者容易产生不公平感，总觉得别人的服务速率比自己慢，为了避免被同事占到便宜，就放慢自己的服务速度，于是便会产生社会惰化效应，从而使得服务排队系统的整体效率降低。另外，即使没有金钱激励，采用分流系统，如果能使服务者感到更高的顾客所有权，服务者也会提高服务效率。

因此，为避免出现社会惰化效应，服务企业应该有效监督、规范员工的行为，建立明确、公开、公正的绩效考核机制，推行多劳多得的激励机制，让服务者明白自己的努力能被别人赏识，从而激励他们付出努力，提高服务效率。例如，在月末或季度末的时候，服务企业不仅要公布团体的工作成绩，还要公布各服务者的工作成绩，通过评选"月度之星"或"季度之星"有效监督、评价、鼓励每个服务者的工作；也可以采用计数的方式，给服务者设置一个单独的队列，记录每个服务者所服务的顾客数量，其所获得的报酬可以与服务的顾客数量挂钩，但此时也要注意服务者的服务质量，服务企业要抑制服务者为追求服务速度而不顾服务质量的现象，所以要时刻关注顾客对服务者的评价，生活中很常见的一个例子就是，银行的柜员在结束服务之后，会让顾客对他们的服务进行打分。同时，服务企业应该将服务者的工作内容合理化、明朗化，清晰地划分每个服务者的工作职责，降低不同岗位之间的可对比性，使每个岗位的工作内容都很清晰，大家都各司其职。

6.2.2　服务供给诱导需求

当服务供给方具有信息优势时，就会产生供给诱导需求（supplier induced demand）的现象，这种现象也被称为萨伊定理。我们以医疗市场为例，医疗市场上存在严重的信息不对称问题，患者对医疗信息极度缺乏，如不清楚何时需要接受医疗服务、医疗需求量是多少、治疗效果怎么样等。在此场景下，患者的话语权较低，也不具备讨价还价的能力，而医疗服务供给方比起患者来说，具有绝对的信息优势，并且过度的医疗服务能为医疗服务供给方带来较大的利润，所以医疗服务供给方有给患者提供过度服务的利己性动机，即

---

① 并流系统是指多个服务台共用一条队列，即顾客都排在相同的队列，按照先到先服务的顺序依次接受服务。

医疗服务供给方有能力，也有动机去诱导患者接受过度、不必要的医疗服务，这会造成具有稀缺性的医疗资源的浪费，患者的医疗费用上升，同时也会造成医院服务排队系统的拥挤，增加真正有需求的患者的等待时间，导致整个社会医疗效率的低下。

所以，服务供给方和需求方的信息不对称是导致供给诱导需求的主要原因，在服务排队系统中，顾客掌握的信息量多少与服务者能够诱导的需求量成反比，即顾客所知道的信息越少，就越容易被服务者诱导需求，而供给诱导需求往往会使整个社会的福利偏离帕累托最优状态①，即服务数量增加，但服务的实际效果下降。例如，医疗市场上的供给诱导需求使医疗供给者的利益最大化，但该行为与患者的最佳利益相悖，这不仅增加了患者的医疗费用和经济负担，还造成了医疗资源的不合理配置和极度浪费[21]。

供给诱导需求能给服务企业带来短期的利益，但这种行为会不利于服务企业的长远发展，因为供给诱导需求会带来顾客抱怨。例如，地图、导航 App还未出现时，部分出租车会载着对路况不熟悉的乘客绕路，乘客和司机之间的信息是不对称的，司机知道路况信息，而乘客不知道，所以司机为了能赚更多的钱，谋取更高的利润，就会载着乘客绕路，原本 10 分钟就能到的里程，可能要开 20 分钟左右，即变相增加了乘客的需求。出租车司机作为出租车公司中的一名服务者，他的行为诱导了乘客的需求，但带来了乘客对出租车公司的抱怨，这些被迫增加了需求的乘客可能会不再搭乘这个公司的出租车，所以从长久来看，这种供给诱导需求的行为会带来顾客抱怨，减少企业未来的客户数量，降低企业的口碑，因此有长远目光的服务企业不应该纵容这种现象。现如今，随着信息技术的发展，导航 App 的出现使乘客掌握了路况信息，乘客与司机之间的信息不对称问题不攻自破，所以出租车司机载着乘客绕路的行为越来越少了。显然，破除"供给诱导需求"的办法便是减少供需双方的信息壁垒，消除信息的不对称性。例如，在医疗市场上，为促进医疗资源的合理配置，降低患者的医疗费用，Feldstein[22]指出政府需要制定医疗服务中的信息披露机制，建立医疗信息公开制度，以此来消除医疗市场中的信息不对称问题。

在上述的两个供给诱导需求的实例中，出租车作为竞争市场的代表，而医疗服务是垄断市场的代表。竞争市场上存在大量的同质企业，市场上存在

---

① 帕累托最优状态是指资源分配的理想状态，即在帕累托最优点，不可能在不使任何其他人的利益受损的情况下再改善某些人的情况。

激烈的竞争，不合理的供给诱导需求行为会导致服务企业的顾客数量流失，所以一般来说，竞争会抑制服务企业供给诱导需求的行为。如果某公司的出租车司机经常载着乘客绕路，那么当这些被迫增加了需求的乘客下一次有出行需求时，就不会选择乘坐该公司的出租车了，可以选择乘坐竞争对手的出租车，也可以选择自己开车，所以为了保护自身的长远利益，出租车公司会规范司机的行为，以抑制这类供给诱导需求的行为。而医疗作为垄断行业，其与其他的服务有着较大的区别，由于可替代性低，患者的医疗需求无法转向其他行业，因此就需要政府作为中间人介入，规范医疗服务提供方的行为，通过信息披露降低医患双方的信息不对称性，从而减少医疗供给诱导需求的现象。

　　另外，研究发现，当供需双方建立了稳定的合作关系，或供方采用了合理的收费机制时，也能减少供给诱导需求的现象[23]。例如，如果服务提供者的工资不是来自服务项目的收费，而是来自需求方所缴纳的固定费用，那么这种收费机制可以降低供给方诱导需求的动机，从而达到抑制供给诱导需求现象的目的。例如，你在健身房办了年卡，支付了固定费用之后，你有健身的需求就可以无限次去健身，健身顾问没有动机去说服你多来健身房，因为并不是按次数（服务的多少）来收费，对顾问来说失去了营利性动机，就不再有诱导顾客需求的动机了。当前我国医疗行业正在推行的是 DGRS 和 DIP 医保支付方式，这两种支付方式都是按病种固定支付额，和提供的医疗服务具体内容无关，从而有效地抑制医疗服务中的过度医疗问题。

参 考 文 献

[1] 赵晨曦，王杨，许闪闪，等. 基于博弈论的容迟网络中布雷斯路由悖论研究[J]. 计算机技术与发展，2018，28（10）：59-63.

[2] 王韧平. 萨伊定律与供给侧改革的比较分析[J]. 现代商业，2016，（35）：59-60.

[3] 黄如意，胡善菊. 医疗市场的"萨伊定律"——供给诱导需求[J]. 卫生软科学，2008，（3）：233-235.

[4] 邓晨珂，曹阳. 医疗服务供方诱导需求控制的经济学分析[J]. 上海医药，2007，（7）：318-320.

[5] 敦海岩，魏弘. 看病贵的经济学分析——医方诱导需求角度[J]. 商业文化（学术版），2007，（5）：246.

[6] 何倩茵. 谈服务业中顾客"等待时间"管理[J]. 商业时代，2006，（4）：46，50.

[7] Maister D H. The Psychology of Waiting Lines[M]. Boston：Harvard Business School，

1984.

[8] 范卓奇. 基于服务生产率的旅游者排队管理研究[D]. 上海：上海师范大学，2011.

[9] 邢宁宁，汪京强. 基于现场实验的背景音乐对顾客等待时间的影响研究——以华侨大学主题实验餐厅为例[J]. 北京第二外国语学院学报，2012，34（1）：49-56，39.

[10] Leclerc F，Schmitt B H，Dubé L. Waiting time and decision making：is time like money?[J]. Journal of Consumer Research，1995，22（1）：110-119.

[11] 王东山. 消费者购买决策理论评述与展望[J]. 商业经济研究，2017，（21）：43-46.

[12] 孙惟微. 赌客信条：你不可不知的行为经济学[M]. 北京：电子工业出版社，2010.

[13] Sharma A，Moon J，Bailey-Davis L. Loss aversion of time：serving school lunches faster without impacting meal experience[J]. Ecology of Food and Nutrition，2018，57（6）：1-17.

[14] Abdellaoui M，Kemel E. Eliciting prospect theory when consequences are measured in time units："Time Is Not Money"[J]. Management Science，2014，60（7）：1844-1859.

[15] 杨亮霞. 基于心理账户视角的时间与金钱的心理分析[D]. 广州：暨南大学，2009.

[16] 吕俊，李燕燕. 服务企业缓解顾客排队等待负面情绪策略研究[J]. 价值工程，2013，32（36）：166-168.

[17] Davis M M，Heineke J. Understanding the roles of the customer and the operation for better queue management[J]. International Journal of Operations & Production Management，1994，14（5）：21-34.

[18] Jones P，Peppiatt E. Managing perceptions of waiting times in service queues[J]. International Journal of Service Industry Management，1996，7（5）：47-61.

[19] 周文慧，黄伟祥，吴永忠，等. 提高顾客等待满意度的两类排队管理策略[J]. 管理科学学报，2014，17（4）：1-10，33.

[20] Armony M，Roels G，Song H. Pooling queues with strategic servers：the effects of customer ownership[J]. Operations Research，2021，69（1）：13-29.

[21] 冯海华. 供给诱导需求视角下我国医疗体制重构研究[D]. 南京：南京大学，2012.

[22] Feldstein M. The economics of health and health care：what have we learned? What have I learned?[J]. The American Economic Review，1995，85（2）：28-31.

[23] Simonet D. Where does the US experience of managed care currently stand?[J]. International Journal of Health Planning and Management，2005，20（2）：137-157.